東方語言學

第十九辑

《东方语言学》编委会
上海师范大学语言研究所

目 录

侗傣语族的祖居地、扩散及其史前文化

台湾"中研院"　李壬癸

内容提要　根据侗傣语族各种语言的地理分布以及它们之间的亲疏关系，我们可以推断其祖居地是在广西北部和贵州南部这一带，因为这就是语言最分歧的地区。从远古的祖语(约5000年前)开始，分四个阶段分化和扩散，每阶段大约500年，到古傣语和古侗水语大约在3000年前。除了祖居地和民族的扩散历史之外，再根据语言学者所鉴定的同源词，我们还可以进一步推论古侗傣语的史前文化，包括他们的生活形态、地理环境、赖以为生的各种动植物、日常生活所使用的各种器具等。文后附有几位语言学者所鉴定的相关同源词：李方桂、梁敏/张均如、许家平等。本文也将举例说明相关的理论：迁移理论、语言古生物学等。本文附有侗傣语族亲族树图和傣语方言扩散地图。

关键词　侗傣语；祖居地；扩散；同源词；史前文化

1. 前　言[①]

对于没有文献记录的民族迁移历史，语言学有几种不同的方法去做合理的推测：(一)语言古生物学(linguistic paleontology)：利用学者已经构拟的古语(同源词)来推断这个民族原来居住的地理环境；(二)迁移理论：语言愈分歧的地区，分化的时代愈早，也愈接近其原始的祖居地(homeland)；(三)地名(Blust 1988)。古语的构拟和迁移理论都必须仰赖语言的分群(subgrouping)；主要分群若在那个地理区域，就最可能是祖居地。

历史语言学有一个很吸引人的应用，就是利用学者已经构拟的部分语言资料，特别是动植物的名称，来推断史前的文化跟地理位置。这种研究称为"语言古生物学"。例如，古南岛民族的同源词包括很多热带或温带的植物："竹、槟榔、山苏、茅草、林投、龙葵、菝葜、野棉花、鱼藤、藤、甘蔗、姑婆芋、破布子、松"等，因此，古南岛民族不可能居住在寒带；动物包括"鹿、猴、野猪、家猪、狗、穿山甲[以上都是胎生的哺乳类动物，只见于华理士分界线(the Wallace Linc)以西]、蛇、头虱、衣虱、跳蚤"等(大概还没有"鸡")，因此，古南岛民族住在华理士分界线以西(Blust 1982)；鱼类包括"鳗、蟹、乌鱼、鲨鱼、海鳐鱼"等，它又有"内陆"与"向海"的同源词，因此古南岛民族一定住在靠海的地方(Blust 1988, Li 2017)。

萨皮耳(Edward Sapir 1916)最先在他的专书中提出这个观念：我们可以经由有亲属关系语言的地理分布来推断古代民族迁移的历史与方向：语言最分歧的地区也就是这个民族的古代居留中心。萨皮耳跟别的学者曾以这个方法来推断几种美洲印地安民族的起源地，包括

---

① 本文系作者于中国民族语言学会第13次全国学术讨论会所做的主旨报告，上海师范大学，2018年10月20—21日。写作期间曾获得许家平和何大安两位教授的诸多协助，特此致谢。文责自负。

Athapascan 和 Pacific 等语族。

最高度歧义的地区最可能就是扩散中心，类似这种概念在植物学界，如俄国植物学家 Vavilov(1926)也曾用来推断各种人工栽培植物的起源地。

2. 侗傣语族的祖居地及其扩散[①]

根据李方桂先生所建立的亲属关系及其亲疏关系，加上语言的地理分布(Li 1959)，我们就可以推断侗傣语族的祖居地(homeland)及其扩散历史。前面已提及，侗傣语群分为两大支系：侗水语和傣语(李方桂 1943:2)。古傣语分为三大支：北支、中支、西南支。北支群的语言包括武鸣、剥隘、仲家(在贵州)、布依、Saek(在老挝和泰国中部边境)等；中支群的语言包括龙州、天保等；西南支群的语言包括暹逻话、老挝话、掸(Shan，在缅甸东北部)、Ahom(已消失，在印度东北部的 Assam)(李方桂 1959, Li 1977: xii)。这些傣语在地理上的分布包括中国西南部的广西、贵州、云南以及东南亚五个国家：越南、老挝、泰国、缅甸、印度。侗水语包括侗话、水话、羊黄话、莫家话、毛南、锦语等，现在大都在广西北部、贵州东南部及其邻近的湖南西南部的一小部分地区。因此，侗傣语群的语言以广西北部和贵州南部最有分歧，也就最有可能是侗傣语群的祖居地(cf. Diller *et al* 2008:9)。跟侗傣语言也有亲属关系的语言还包括在海南岛的临高(Be)和黎语(Hlai)，但以黎语的关系最疏远，合称为 Dai(Ostapirat 2005, 2017)(见图 1)。

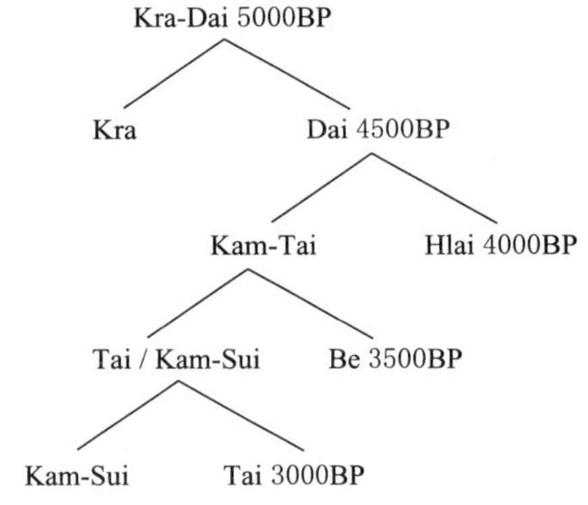

图 1　Kra-Tai family(Ostapirat 2017)(dating by Paul Li)

大约在 5000 年前，Kra-Dai 语族分裂为两大支，Kra 跟 Dai。大约 500 年后，Dai 从广西再分裂为两支，Hlai 跟 Kam-Tai，向南和向西扩散出去：向南的到海南岛，向西的到广西北部和贵州南部而成为侗傣语群。后来侗傣语群才进一步分裂为侗水语群和傣语群。傣语群再向南、向西进一步扩散。Dai 这一支中，以黎语最疏远，最早分化出去，大约在 4500 年前；其次较晚才是临高，约在 4000 年前；第三波侗傣语群再分化为两个语群，即侗水语和傣语，约在 3500 年前。侗水语基本上并没有大的移动，主要都在广西北部、贵州东南部及其附近湖南西南部；而傣语就有大移动了：约在 3000 年前向南和向西扩散出去。基本上，都是从东到西、从北到南扩散。大致上说，古傣语的北、中两支都是向西和向南方向较小幅度地扩散出去，而西南支是向南和向西方向较大幅度地扩散出去，向西经缅甸东北部的 Shan 直到印度东北部的

① 本节见李壬癸 2018.

Assam。原来隶属于北支的 Saek 语，却南下一直远到老挝中南部地区。

以上有关侗傣语言的分化和扩散，只是根据现代语言的分布和它们之间的亲疏关系所做的推论。如果相关的文献记录和考古资料(梁敏、张均如 1996:16ff)可靠的话，也许祖居地就得向东移到广东地区。然而，若只就侗傣语言而言(不含临高和黎)，本推论大概还站得住脚。雷州半岛至今仍然还有临高方言(Ostapirat 1998，李锦芳、吴艳 2017)，可以推测它当初从北南下是先抵达雷州半岛再到海南岛北部定居。比临高先到海南岛的黎族却到南部去定居，其迁移路线尚有待进一步厘清。若加上这两种语言，从广西北部到海南岛的中间点大约在广西中部靠近东部一带，可说就是 Dai 语群最分歧的地方了。

黎语跟侗傣语言的同源词很少，词形差异也很大；其次就是临高(参见梁敏、张均如 1996:112ff)。

在李方桂先生已建构好的侗傣语言研究基础之上，我们后人还可以向前推进一些。也就是说，站在巨人的肩膀之上，后人进一步向前迈进并不难。

3. 侗傣语族的史前文化

侗傣语同源词(Li 1965，梁敏、张均如 1996)有“房屋、茅屋顶、柱、水坝、沟渠、田埂、菜园、稻米、小米、稻穗、稻草、芋、山药、芥菜、豆、豆荚、姜、芝麻、茄子、种子、犁田、耙、秧苗、插秧、除草、收割、簸谷器、杵、臼、锄、斧、水牛”等，可见古侗傣民族已经是高度发展的农耕社会，而且“村落”一词显示他们群聚而居。既然有“水坝、池塘、沟渠”，显示他们已有灌溉系统，具有稳定的供水情况，就不必再仰赖上天要经常下及时雨才有饭吃，人口也会增加。然而“水坝、犁田、撒种、收割”这一类有关农垦的同源词，还有一些驯养的动物，如“水牛、羊”，以及一些人工栽培植物，如“黄瓜、荸荠、桃、李”等等同源词，临高和黎语常常缺(参见下面第二部同源词表)。由此可见，农垦大概是在临高和黎族都分出去之后，尤其是黎族，侗傣语支才高度发展起来的。按照梁敏、张均如(1996:13)的分类，临高跟傣语支稍稍接近一些，但它也是很早就分化出去。侗傣语支织布的技能大概较晚才有，或者他们跟黎族个别发展出来，所以侗傣语同源词含有“织布、梭”的同源词，而临高和黎族并没有相对应的同源词(梁敏、张均如 1996:134，138)。“织布机”一词，梁敏、张均如(1996:152)所列举的临高和黎语未必是真正的同源词。

侗傣语支，那时他们已有驯养的“水牛、羊、猪、狗、鸡、鸭”等。他们有“牛”协助“犁田”和搬运重物。“船”和“筏子”也是重要的交通和运输工具。人工栽培植物包括“稻米、小米、芋、山药、甘蔗、芥菜、苋菜、豆、黄瓜、冬瓜、姜、桃、李、柚、芝麻、茄子、荸荠、葱”等。可见他们所吃的已有好几种肉类和蔬果。他们已有“秤”，也就有买卖和谈“价钱”的行为了。他们也已有“编织、织布、缝、补、纺车、梭、针、线、穿衣、洗衣”等工具或操作行为，而且会使用“凿子”那种精细的木匠工具，那已是很开化的社会，绝非还过着原始社会的生活。同源词也含有一些野生动物“熊、猴子、象、野猪、豪猪、狼、麂子、野猫、老鼠、蛇、穿山甲、猫头鹰、水獭、乌龟、鱼、螃蟹、虾、塘角鱼”等，以及“打猎、射(箭)、弓、箭、鱼网、罾、钓鱼钩、鱼叉”等词，可见他们也会去渔猎。有的野生动物大概很少见，同源词只见于侗水语群或只见于傣语群，如“老虎、狮子”。那时他们大概还看不到狮子。自然也会有烦人的“臭虫、跳蚤、头虱、衣虱、鸡虱、苍蝇、蚊子、蚂蝗、蟑螂、蜈蚣”等。

古侗傣语有“鸡、小鸡、鸡蛋”等同源词，可见他们那时已经养鸡了。试比较古南岛语民族(约 5000 年前)似乎还没有“鸡”一词，时代不同：古侗傣晚于古南岛。

有趣的是，侗水语言有“女婿”一词，也有“媳妇”一词，他们婚后男方住在女方的家，也可能女方住在男方的家，是母系社会还是父系社会？试比较古印欧语有“媳妇”一词，却没有“女婿”一词，可见他们是父系社会。

4. 侗傣语的同源词及其对应关系

下面侗傣语的同源词比较表前半部，主要都是取材自李方桂(Li 1965)。他有三种水语方言，我只选取第一种作代表。该文所缺的侗语同源词，我是根据梁敏(1980a:95—117)的〈词汇附录〉补起来的，但有一小部分词汇是由许家平(Ostapirat)提供的。李方桂的比较词表编号 1-56 显示侗傣语并非同源词。我检查了梁敏的侗语词汇之后，发现这些侗语语词跟傣语群的语言也都非同源词。编号 57-325 显示侗水语群跟傣语群可能大都是同源词。若干语言的同源词，我根据梁敏、张均如(1996)把它补起来。若干个侗语所缺漏的同源词，毛南语(梁敏 1980b)却有，例如：ʔɳa42“芝麻”，khuui42“螺蛳”，hək55“鱼鳃”。

如同古傣语(Li 1977)，侗水语也是清塞音分送气与不送气，如 p 与 ph，浊塞音分一般浊塞音 b 与带前喉塞音 ʔb，如水话(李方桂 1977:3)和莫话(李方桂 1943:3)的音韵系统都是如此，虽然侗语并没有 b 与 ʔb 之分。

古傣语鼻音分清浊，侗水语的鼻音也分清浊，如水语(李方桂 1977:3)。此外，水语还有一套鼻音带前喉塞音 ʔm。也就是说，鼻音共分三套：m、hm、ʔm。

古傣语舌根音对应侗水语五套辅音，可见它们之间的关系相当错综复杂。古傣语有两套舌根音，圆唇与非圆唇，如 k-与 kw-。水语区分舌根音与小舌音，如 k-与 q-。莫话与羊黄虽然没有舌根音和小舌音之分，却保存了这种分别的历史反映(retain reflexes)。因此，我们可以说古侗水语具有舌根音和小舌音之分。如此一来，古侗傣大概也是区分舌根音和小舌音。莫话的舌根音分单纯的和带 w 的圆唇舌根音，正如古傣语。很可能古侗傣也是如此。

古傣语元音分长短，侗语、莫话、羊黄话的元音也都分长短，虽然水话并不分，古侗傣语也得区分。

古傣语有四个调类，A, B, C, D，侗语、水话、莫话、羊黄话也都各有几个声调，由四个古调类分化而来。

下列同源词表，前半部主要根据李方桂(Li 1965)，后半部根据梁敏，张均如(1996)。因为严谨的对应关系尚未建立，①下列同源词表只是作为说明的依据，并没有绝对把握它们确实都是同源词。

有一些看起来类似同源词，实为拟声词，如 meu，mɛu“猫”，kok，kɔk“母鸡叫崽”。家猫大概相当晚近才引进到中原来，②华南一带恐怕就更晚了。古南岛语同源词并没有“猫”。

---

① 李方桂曾指出，傣语和侗水语的比较音韵尚未完全建立起来。梁敏、张均如(1996)虽然构拟了古侗傣语的音韵系统，但是仍然有不少问题。例如，他的古语辅音系统清塞音不分送气与不送气，反而浊塞音却区分，显然违背了平常的音理。

② 何大安指出：《说文解字》没有“猫”，但有“狸”，“伏兽也”；以及体型稍大的“貄”。段玉裁认为“狸”和“貄”就是野猫。甲骨文也没有“猫”字。不过 Yaowu Hu, Songmei Hu, Weilin Wang 等，2014 年在美国《国家科学院学报》撰文：在 5300 年前，现今中国陕西省泉护村的居民就会利用猫来控制鼠害，证物是在泉护村遗址发现的两只猫的 8 块头骨。

梁敏、张均如他们所列举的古侗傣语同源词，有些词形非常近似汉语，例如“马”，大都念作 ma 或 maa，“骑马”有的念为 khii，“雁”作 ŋaan，“茶”为čhaa，难免令人疑心它们极可能都是汉语的借词。有关侗傣语跟汉藏语的亲属关系证据很薄弱；就算它们仍然可能有较疏远的亲属关系，分化的时代已很久远，词形不会那么近似才对。

根据许家平（Ostapirat 2018）最近的研究，侗傣语跟南岛语的亲属关系几乎可以确定，这两个语系的史前文化也有不少相似之处，例如猎首、文身、凿齿、拔毛、口琴、室内葬、灵魂崇拜、腰机纺织、父子连名等（凌纯声 1952）。

李方桂所列举的同源词虽然也包括“马，骑马”①等词，我们疑心它们只是早期的借词。马的来源大概在华北塞外，商代（约 3000 多年前）才引进到中原来，到华南更晚。古侗傣语约在 3000 年前，那时广西、贵州一带大概不会有马可以骑。又如“棉”一词，棉花被引进到广西、贵州一带的时代大概也不会太早。②古南岛语也没有“马，骑马，棉”的同源词。因此本文并没有列入这些可疑的同源词。

同样地，梁敏、张均如（1996）所列举的同源词虽然有“葡萄，鹅”等词，但是葡萄从西域引进到西北，汉武帝时（约 210BP）再被引进到华北，到华南时代就更晚了；绝大多数的侗傣语言都管葡萄叫作 it^7 或 it^9，显然是很晚近的借词，可惜不知其来源。鹅被引进到华南，大概也是相当晚近的事了，都用汉语借词③。古南岛语也没有“葡萄，鹅”等同源词。本文也不列入。

第一部分同源词表

单词	插秧	犁田	菜园	沟渠	水牛	除草
侗语	lam^{55}	$khəi^{55}$	$jaan^{35}$	$mjeŋ^{55}$	kwe^{11}	nee^{55}
水话	$ʔdăm^{11}$	$tšoi^{11}$	$fjan^{11}$	$ʔdjaŋ^{11}$	kwi^{31}	ne^{31}
莫话	$ʔdam^{24}$	$t̡wai^{24}$	$fiin^{13}$	$miiŋ^{13}$	$həi^{31}$	nee^{31}
羊黄	zam^{13}	—	$wjaan^{35}$	$mjaaŋ^{35}$	wei^{35}	nee^{13}
暹逻	dam^{33}	$thai^{24}$	$suan^{24}$	$mïaŋ^{24}$	$khwaai^{33}$	$daai^{33}$
龙州	dam^{33}	$thai^{33}$	$ɬuun^{33}$	$mïïŋ^{33}$	$vaai^{31}$	$bjaai^{33}$
剥隘	nam^{31}	$ṣai^{24}$	$ɬïin^{24}$	—	$vaai^{55}$	$naai^{31}$

① 何大安指出：殷墟墓葬已有马车、马骨，可见中原养马早于汉代千余年。不过战国时代赵武灵王“胡服骑射”之前，马多用来服车，很少骑乘。又，马的生长环境，宜于温带草原与平原。广西、贵州山川交错，陵谷幽深，似非其原产之地。所以“马”“骑马”这样的物与词，恐非侗傣自有。

② 陈羿君指出：海南岛黎族所织的黎锦（Li Brocade）是中国最早的棉纺织品，以木棉花果实内的棉毛作为纺线，经植物色素染色，编织出漂亮的花棉布。由于木棉又称吉贝，故黎锦又名吉贝。文献记载上，成书于周朝（公元前 10 世纪）的尚书《禹贡》篇记载：岛夷卉服，厥篚织贝。学者蔡沈注称其中的织贝为：“今南蛮木棉之精好者，亦谓之‘吉贝’。”何大安也指出：棉花原产于印度，经东南亚沿洋流进入海南岛，而为人工栽植，这种可能也绝对存在。

③ 何大安指出：侗水语言的“鹅”大都叫作 ŋaan，接近汉语中古音，应当是较晚的汉语借词。鹅在被驯化之前是雁，或叫作天鹅，是来自北方的候鸟。

续表

单词	种子	稻穗	稻草	秧	茅草	田埂
侗语	pan^{55}	mjeŋ^{11}	paaŋ^{55}	kaa^{323}	ƫa^{55}	ƫan^{55}
水话	wăn^{11}	bjaŋ^{11}	waŋ^{11}	ka^{44}	ja^{11}	jăn^{11}
莫话	van^{13}	bjaaŋ^{13}	vaaŋ^{13}	t̪ii^{44}	jaa^{13}	jan^{24}
羊黄	wan^{35}	ʔbaaŋ^{55}	waaŋ^{13}	kjaa^{22}	jaa^{35}	jan^{35}
暹逻	phan^{33}	ruaŋ^{33}	faaŋ^{33}	klaa^{41}	khaa^{33}	khan^{33}
龙州	fan^{31}	ɬuuŋ^{31}	faaŋ^{31}	kjaa^{24}	kaa^{31}	kan^{31}
剥隘	fan^{25}	lïïn^{24}	fïïŋ^{55}	čaa^{44}	haa^{55}	han^{55}

单词	螺蛳	狗	豪猪	猪	头虱	鸡跳蚤	鸡	雏(鸡)
侗语	—	ŋwa^{55}	min^{323}	ŋu^{53}	taau^{55}	məi^{11}	aai^{53}	ʔaaŋ^{33}
水话	khui^{11}	m̥a^{11}	ʔmin^{44}	m̥u^{35}	tu^{11}	bjăi^{11}	qai^{35}	Raŋ^{35}
莫话	ƫhui^{13}	maa^{13}	zen^{5}	məu^{35}	təu^{24}	bjai^{13}	kaai^{35}	haaŋ^{35}
羊黄	khuei^{13}	maa^{13}	mien^{22}	məu^{44}	tiu^{13}	ʔbai^{35}	kaai^{44}	ɣaaŋ^{53}
暹逻	hɔɔi^{24}	maa^{24}	men^{41}	muu^{24}	hau^{24}	rai^{33}	kai^{22}	khïaŋ^{22}
龙州	hooi^{33}	maa^{33}	min^{24}	muu^{33}	hau^{33}	ɬai^{31}	kai^{55}	—
剥隘	—	maa^{24}	—	muu^{24}	lau^{24}	lii^{5}	kai^{22}	haaŋ^{31}

单词	杵	斧头	锄	刀剑	秤	价钱
侗语	saak^{13}	kwaan^{55}	—	mja^{31}		a^{53}
水话	hak^{35}	kwan^{11}	kwaak^{35}	mja^{52}	daŋ^{35}	Ra^{35}
莫话	saak^{44}	kuun^{24}	kuuk^{44}	bjaa^{44}	daŋ^{35}	gaa^{35}
羊黄	—	wan^{35}	kwaak^{22}	ʔbaa^{31}	—	—
暹逻	saak^{22}	khwaan^{11}	khwaak^{22}	phraa^{453}	čhaŋ^{41}	khaa^{41}
龙州	ɬaak^{55}	—	kuuk^{55}	pjaaʔ^{21}	čaŋ^{11}	—
剥隘	laak^{22}	vaan^{24}	jaak^{22}	šaa^{33}	šaŋ^{31}	kaa^{31}

单词	池塘	渔网	鱼鳃
侗语	tam^{55}	jee^{35}	ŋaap^{31}
水话	dăm^{11}	xe^{11}	ʔňak^{35}
莫话	dam^{13}	hee^{13}	—

续表

单词	池塘	渔网	鱼鳃
羊黄	lam^{11}	—	—
暹逻	—	hɛɛ^{24}	ŋïak^{22}
龙州	thum^{33}	hee^{33}	hïïk^{55}
剥隘	tam^{55}	lee^{24}	ŋïk^{55}

单词	弓	凿子	簸箕	房屋	柱
侗语	naa^{13}	siu^{53}	loŋ^{323}	jaan^{11}	—
水话	n̥a^{44}	siu^{35}	ʔdoŋ^{44}	ɣan^{11}	lau^{11}
莫话	na^{35}	ɕəu^{35}	ʔdoŋ^{44}	žaan^{35}	žaau^{13}
羊黄	na^{213}	thieu^{44}	loŋ^{31}	zaan^{35}	zaau^{35}
暹逻	naa^{41}	siu^{22}	kradoŋ^{41}	rïan^{33}	sau^{24}
龙州	—	ɬiiu^{55}	duŋ^{24}	ɬïïn^{31}	ɬau^{33}
剥隘	—	ɬiu^{22}	nɔŋ^{44}	laan^{55}	ɬau^{24}

单词	村	甘蔗	茄子	小米	米
侗语	—	məi^{3}	ʈa^{11}	pjaaŋ^{323}	əu^{31}
水话	ʔban^{44}	ʔoi^{44}	tša^{55}	piaŋ^{44}	ʔău^{52}
莫话	ʔbaan^{44}	ʔoi^{44}	kɯ^{2}	viiŋ^{44}	həu^{44}
羊黄	maan^{22}	—	kjaa^{53}	vjɛɛŋ^{22}	xau^{31}
暹逻	baan^{41}	ʔɔɔi^{41}	makhïa^{24}	faaŋ^{41}	khau^{41}
龙州	baan^{24}	ʔooi^{24}	khu^{33}	phaaŋ^{24}	khau^{24}
剥隘	maan^{44}	ʔooi^{44}	kïï^{55}	fuuŋ^{44}	hau^{33}

单词	芝麻	芋	山药	芥菜	豆	豆荚
侗语	—	jaak^{24}	man^{11}	ʔaat^{24}	to^{33}	pak^{24}
水话	ʔŋa^{11}	ʔɣak^{35}	măn^{31}	qut^{35}	to^{55}	wăk^{35}
莫话	ŋaa^{24}	pəək^{44}	man^{31}	kaat^{44}	thau^{24}	vak^{35}
羊黄	ŋjaa^{13}	zjaak^{22}	man^{35}	kaat^{22}	tau^{53}	vak^{42}
暹逻	ŋaa^{33}	phïak^{22}	man^{33}	kaat^{22}	thua^{22}	fak^{22}
龙州	ŋaa^{31}	phïïk^{55}	man^{31}	kaat^{55}	thuu^{55}	phak^{55}
剥隘	ŋaa^{55}	piik^{22}	man^{55}	kaat^{22}	tuu^{31}	fak^{55}

续表

单词	针	缝	梭	织布	洗衣服	左边
侗语	ȶhəm^{55}	ȶip^{24}	—	tam^{323}	sak^{55}	ɕe^{323}
水话	sum^{11}	tip^{35}	tău^{35}	tam^{44}	lăk^{35}	sje^{52}
莫话	sum^{13}	tip^{35}	tau^{35}	tam^{44}	žuk^{35}	žee^{44}
羊黄	tshem^{13}	tiep^{22}	—	tam^{22}	—	sjee^{31}
暹逻	khem^{24}	jep^{55}	—	tam^{22}	sak^{55}	saai^{453}
龙州	khim^{33}	jap^{31}	phjau^{55}	tam^{55}	ɬak^{31}	ɬaaiʔ^{21}
剥隘	čim^{24}	jip^{44}	tau^{22}	tam^{44}	ɬak^{44}	ɬïï^{33}

第二部分同源词表①

单词	螃蟹	虾	鱼	乌龟	钓鱼钩	水坝
泰语	pu^{2}	kuŋ^{3}	pla^{2}	tau^{5}	—	faai^{1}
龙州	pu^{1}	kuŋ^{3}	pja^{1}	—	—	phaai^{1}
武鸣	pau^{1}	kuŋ^{5}	pla^{1}	—	θeep^{9}	faai^{1}
临高	—	—	ba^{1}	—	—	—
侗语	pu^{1}	—	pa^{1}	ȶaau^{5}	sip$^{9'}$	pi^{1}
水语	—	毛南 kuŋ^{5}	—	tjaau^{5}	ɕit^{7}	—
佯僙	—	—	—	—	tjɛɛt^{9}	ve^{2}
莫语	—	—	—	—	set^{9}	ve^{2}
黎语	bou^{2}	—	ɬa^{1}	thau^{2}	lip^{7}	—
单词	**筏子**	**船**	**罾**	**叉鱼叉**	**池塘**	**水獭**
泰语	phɛ^{2}	rɯə^{2}	版纳 tsam^{1}	—	—	德 mon^{3}
龙州	pe^{2}	lɯ^{2}	—	—	thum^{1}	—
武鸣	pe^{2}	ɣu^{2}	—	ɕa^{1}	tam^{2}	—
临高	—	lua^{2}	tsom^{1}	—	həm^{2}	—
侗语	phaai^{2}	lo^{1}	sam$^{1'}$	tsha^{6}	tam^{1}	mjaan^{3}
水语	paai^{2}	lwa^{1}	ham^{1}	sa^{1}	ndam^{1}	bjaan^{3}

① 部分语言所缺的同源词，以相近语言或方言的填入。德 = 德宏，标 = 标语，傣 = 傣拉。

续表

单词	筏子	船	罾	叉鱼叉	池塘	水獭
佯僙	—	rjɛ^{1}	—	tsha^{4}	lam^{1}	ŋween^{3}
莫语	—	—	—	—	djam^{1}	ʔbiin^{3}
黎语	bai^{1}	va^{1}	—	—	—	—

单词	洗洗衣	补	编织	纺车	织布机
泰语	sak^{8}	—	saan^{1}	—	huuk^{9}
龙州	ɬak^{10}	phuŋ^{1}	ɬaan^{1}	ɬa^{3}	huk^{7}
武鸣	θak^{8}	fooŋ^{1}	θaan^{1}	—	ɣook^{9}
临高	dak^{8}	fəŋ^{1}	—	—	dək^{8}
侗语	sak^{7}	—	saan^{1}	ɕa$^{3'}$	—
水语	lak^{7}	faaŋ^{1}	haan^{1}	—	—
佯僙	rak^{8}	—	thaan^{1}	sa^{1}	tjɛɛk^{10}
莫语	zuk^{7}	—	saan^{1}	—	—
黎语	took^{7}	foon^{1}	—	—	fɯɯk^{7}

单词	黄瓜	冬瓜	桃子	柚子	李子	豆子	苋菜	荸荠
泰语	tɛɛŋ^{2}	fak^{8}	—	—	—	thuə^{5}	khom^{1}	hɛɛu^{3}
龙州	pheeŋ^{1}	fak^{10}	傣 faŋ^{1}	puk^{10}	man^{4}	thu^{5}	ham^{1}	heeu^{3}
武鸣	—	fak^{8}	—	puk^{8}	man^{3}	tu^{6}	ɣoom^{1}	heu^{5}
临高	—	fok^{7}	—	ŋok^{8}	—	hɔu^{4}	sum^{1}	—
侗语	—	—	paŋ^{1}	—	—	to^{6}	ŋəm^{2}	khiu$^{3'}$
水语	—	—	faŋ^{1}	—	man^{3}	tɔ^{6}	ɣum^{1}	ȶhiu^{3}
佯僙	—	—	vaŋ^{1}	puk^{8}	man^{4}	tau^{6}	ɣum^{2}	—
莫语	piiŋ^{6}	vak^{7}	—	puk^{8}	—	tau^{6}	ɗim^{1}	ȶhəu^{3}
黎语	—	—	—	—	—	—	ɯɯm^{1}	—

单词	臼	杵或舂	耙	收割	稗子	撒、撒种	鸭子	鸡
泰语	—	—	—	kon^{5}	—	waan^{5}	pet^{7}	kai^{5}
龙州	—	ɬaak^{7}	phɯ^{1}	kun^{2}	vaŋ^{1}	vaan^{5}	pit^{7}	kai^{5}
武鸣	ɣum^{1}	θaak^{9}	pa^{2}	—	vaŋ^{1}	vaan^{5}	pit^{7}	kai^{5}

续表

单词	臼	杵或舂	耙	收割	稗子	撒、撒种	鸭子	鸡
临高	—	hak^{7}	fa^{2}	—	vɔŋ^{1}	—	bit^{7}	kai^{1}
侗语	kəm^{1}	sak$^{9'}$	pa^{2}	—	khwaŋ$^{1'}$	pjaan^{6}	pət^{7}	aai^{5}
水语	kum^{1}	haak^{7}	pa^{2}	—	faŋ^{1}	—	—	qaai^{5}
佯僙	kɔɔm^{1}	—	pa^{2}	kun^{1}	waŋ^{1}	—	—	kaai^{5}
莫语	ȶəm^{1}	saak^{9}	pa^{2}	gun^{1}	faŋ^{1}	拉 waan^{5}	—	kaai^{5}
黎语	—	—	—	thun^{1}	hweefaŋ^{1}	—	bet^{7}	khai^{1}

单词	臭虫	鸡虱	衣虱	跳蚤	蚂蟥	旱蚂蟥	牛鞭
泰语	rɯət^{10}	rai^{2}	len^{2}	mat^{7}	pliŋ^{2}	—	ɛɛk^{9}
龙州	ləət^{8}	ɬai^{2}	min^{2}	mat^{7}	piŋ^{1}	taak^{8}	eek^{7}
武鸣	rɯət^{8}	ɣai^{2}	nan^{2}	mat^{7}	pliŋ^{1}	taak^{9}	eek^{9}
临高	liat^{8}	lɔi^{2}	dɔn^{2}	mat^{7}	biŋ^{1}	dak^{7}	ek^{7}
侗语	标 jøøt^{10}	mai^{2}	nan^{1}	ŋwat$^{7'}$	mjiŋ^{1}	标 tɔɔk^{10}	ek^{9}
水语	—	—	nan^{2}	m̥at^{7}	—	—	it^{7}
佯僙	—	bwai^{2}	ʔnan^{1}	mat^{7}	min^{2}	—	ik^{7}
莫语	—	bjai^{1}	nan^{2}	m̥at^{7}	piŋ^{6}	—	ek^{9}
黎语	—	—	than^{1}	poot^{7}	ziŋ^{1}	theek^{7}	—

单词	猴子	野猫	狼	穿山甲	羊	熊	象
泰语	liŋ^{2}	—	—	—	phɛʔ^{8}	mi^{1}	tshaaŋ^{4}
龙州	liŋ^{2}	hin^{1}	nai^{2}	lɯn^{6}	be^{3}	mi^{1}	tsaaŋ^{4}
武鸣	—	hin^{1}	nai^{2}	lin^{6}	—	mɯəi^{1}	ɕiəŋ^{4}
临高	—	—	—	hin^{4}	—	hui^{2}	siaŋ^{4}
侗语	—	ɲ̥an$^{1'}$	—	lən^{6}	lje^{3}	me^{1}	ɕaaŋ$^{5'}$
水语	—	—	—	ljən^{6}	—	ʔmi^{1}	tseŋ^{4}
佯僙	—	ɲ̥an^{1}	nai^{5}	lin^{4}	ʔme^{3}	mje^{2}	sjɛɛŋ^{1}
莫语	liŋ^{2}	ɲ̥an^{1}	—	lin^{6}	—	mui^{1}	—
黎语	—	—	—	mɯn^{3}	—	mui^{1}	—

续表

单词	野猪	猫头鹰	麂子	打猎	枫树	寡妇	洗澡	儿媳
泰语	布 zaai^{6}	khau^{4}	faan^{2}	tok^{7}	—	maai^{3}	aap^{9}	phai^{4}
龙州	—	kau^{4}	—	tik^{7}	khjau^{1}	maai^{3}	aap^{7}	—
武鸣	—	ku^{6}	—	tɯk^{7}	ɣau^{1}	maai^{5}	aap^{7}	paɯ^{4}
临高	—	ku^{2}	—	—	—	mai^{3}	—	—
侗语	laai^{5}	au^{1}	—	—	jaau$^{1'}$	—	aap^{9}	标 pau^{4}
水语	laai^{5}	qau^{1}	毛南 vaan^{2}	毛南 tək^{7}	fu^{1}	—	aap^{7}	—
佯僙	—	kau^{1}	—	—	reu^{2}	—	aap^{9}	—
莫语	ʔdaai^{5}	kau^{6}	—	—	j̥au^{1}	maai^{5}	zaap^{10}	—
黎语	—	—	—	—	gwau^{4}	paai^{6}	aap^{7}	—

单词	蛇	老鼠	蚱蜢	蜈蚣	苍蝇	蚊子	蟑螂
泰语	ŋu^{2}	nu^{1}	tak^{8}	-khaap^{9}	-wan^{2}	juŋ^{2}	saap^{9}
龙州	ŋu^{2}	nu^{1}	—	-khip^{7}	-fan^{2}	juŋ^{2}	ɬaap^{7}
武鸣	ŋɯ^{2}	nau^{1}	tak^{7}	θip^{7}	-jan^{1}	juŋ^{2}	θaap^{9}
临高	ŋia^{2}	nu^{1}	—	lip^{8}	vaŋ^{4}	ɲuŋ^{2}	lap^{7}
侗语	侗北 hi^{2}	no$^{3'}$	ȶak^{7}	khəp$^{7'}$	—	mjuŋ^{4}	kwaap^{9}
水语	—	n̥o^{3}	djak^{7}	-khup^{7}	毛南 vjan^{1}	—	daap^{7}
佯僙	—	no^{3}	rjɛɛk^{9}	-kheep^{7}	—	—	—
莫语	—	n̥ɔ^{3}	djak^{7}	-sip^{7}	—	ɲuŋ^{4}	swaap^{9}
黎语	za^{2}	tɪu^{1}	tɯɯʔ^{8}	-ɹiip^{7}	—	ɲuuŋ^{1}	—

参考文献

中央民族学院少数民族语言研究所.壮侗语族语言词汇集[M].北京：中央民族学院出版社，1985.

李方桂.莫话记略[M].“中研院”历史语言研究所单刊甲种之二十，1943.

李方桂.水话研究[M].“中研院”历史语言研究所专刊之七十三，1977.

李壬癸.李方桂先生调查西南少数民族语言的足迹[C].中国语言学集刊(第 11 卷)[A].2018.

李锦芳，吴艳.吉兆话概况[J].民族语文，2017(4).

凌纯声.古代闽越人与台湾土著族[J].学术季刊，1952，1.2：36—52.

梁敏.侗语简志[M].北京：民族出版社，1980a.

梁敏.毛难语简志[M].北京：民族出版社，1980b.

梁敏，张均如.侗台语族概论[M].北京：中国社会科学出版社，1996.

Blust，Robert

1982　The linguistic value of the Wallace Line. BTLV 138：231—250.

1988　The Austronesian homeland：A linguistic perspective. Asian Perspectives 26.1：45—67.

Diller，Anthony V. N.，Jerold A. Edmondson，and Yongxian Luo，eds.

2008　The Tai-Kadai Languages. London and New York：Routledge.

Li，Fang-Kuei

1965　The Tai and the Kam-Sui languages. Lingua 14：148—179.

1977　A Handbook of Comparative Tai. The University Press of Hawaii.

Li，Paul Jen-kuei

2017　Some notes on animals and plants for Proto-Austronesian speakers. Language and Linguistics 18.2：254—268. Ostapirat，Weera　许家平

1998　A mainland Be language? Journal of Chinese Linguistics 26.2：338—344.

2005　Kra-dai and Austronesian：Notes on phonological correspondences and vocabulary distribution. In Laurent Sagart，Roger Blench & Alicia Sanchez-Mazas，eds，The Peopling of East Asia，107—131. London/New York：Routledge Curzon.

2017　The peopling of Kra-Dai in south China. Paper presented at the International Conference on the Ancestry of the Languages and Peoples of China，May 30—31，2017.

2018　Reconstructing disyllabic Kra-Dai. Paper presented at SEALS 28，Kaohsiung，Taiwan，May 17—19，2018.

Sapir，Edward.

1916　Time Perspective in Aboriginal American Culture. Memoir 90，Anthropological Series No.13，Geological Survey，Department of Mines，Canada. Ottawa.

Vavilov，Alexander

1926　Studies on the origins of cultivated plants. Bulletin of Applied Botany and Plant Breeding 26：1—248.

从古越语到现代侗台语
——语言类型转换的实例

厦门大学　叶玉英

内容提要　春秋时期的古越语由于材料少，所以研究难度大，难有进展。也因为人们对古越语的认识不清，所以在解释吴越青铜器上的国名、人名时就出现很多不同的解释。这些解释似是而非，其根本原因在于没有弄清楚古越语的音节结构。以此为出发点，本文综合历史语言学、民族语言研究、文化考古学、民族考古学、古人类学、分子人类学等多学科研究成果，证明古越语与原始南岛语、原始侗台语一样，都是多音节的黏着语。从古越语到现代侗台语经历了语言类型的转换，即从黏着语到分析语的转换。用多音节的黏着语来解释青铜器上的国名、人名也十分顺适，二者可以互相印证。

关键词　古越语；南岛语；侗台语；吴越国名；吴越人名

学界普遍认为，现代侗台语族诸语言都是由古代百越民族的早期共同语——古越语演化而来。春秋时期吴越两国人民操的就是古越语。目前我们能见到的记载古越语的文字资料很少，主要有西汉刘向《说苑》中记载的《越人歌》、《越绝书》中的《维甲令》、杨雄《方言》中记录的少量古越语词以及典籍和吴越青铜器铭文中的国名、人名、地名资料。因此不少学者意识到古越语的研究必须结合考古人类学、体质人类学、人种学、民族学、文化考古学等研究成果。目前对古越语的研究主要三个方面：第一，古越语与南岛语是发生学关系还是语言接触的关系？第二，古越语是多音节的黏着语已为多数学者所认同，问题是现代侗台语族诸语言都是单音节的词根语，那么从原始侗台语到现代侗台语发生了怎样的演变？原始侗台语何时从黏着语变成分析语？春秋时期的古越语是黏着语还是分析语？第三，如何解读吴越国名、人名和地名？以往的学者都用单音节的分析语来解释，结果难以自圆其说。本文不揣鄙陋，试图从古越语到现代侗台语的语言类型转换着手来做一些解读。

本文与拙文《春秋时期古越语的音节结构与吴越国名、人名的解释》(《古文字研究》第31辑，2016年)有部分观点和例证是重合的，但大部分内容不同。笔者认为，从古越语到现代侗台语的语言类型的转换可为学界提供一个重要例证，故而坚持刊出，供学界批评。

1. 原始侗台语与古越语的音节结构

1.1　关于原始侗台语的系属的讨论及音系构拟

目前学界关于原始侗台语的系属问题有四种意见，一是以李方桂为代表的学者，主张汉台语同源，台语属于汉藏语系。李方桂(2011a：75—85、104—117、190—203，2011b：19—32、

89—94)构拟的原始台语是单音节的,声母除了单辅音外还有复辅音。复辅音有* pl/r-、* phl/r-、* bl/r-、* ʔbl/r-、* ml/r-、* tl/r-、* thl/r-、* nl/r-、* dl/r-、* ʔdl/r-、* kl/r-、* khl/r-、* gl/r-、* ɲl/r-、* xl/r-。邢公畹(1999:51—91)构拟的复辅音比李方桂多出一对* hl/r-。梁敏、张均如(1996:72—73)构拟的原始侗台语也是单音节的,较之李方桂多出的复辅音有:* pl^{w}-、* bl^{w}-、* klw-、* krw-、* glw-、* grw-、* brɦ-、* ndlɦ-、* sɢrɦ-、* ʔblw-、* ʔml、* ʔmr-、* ʔnl、* ʔnr-、* ʔmb-、* ʔmbl-、* ʔnd-、* mp-、* mpl-、* mpr-、* nt-、* ntl-、* ntr-、* ɲk-、* ɲk^{w}-、* ɲkl-、* mb-、* mbl-、* mbr-、* nd-、* ndl-、* ndr-、* ŋg-、* ŋgl-、* ŋgr-、* xp-、* xpl-、* xpr-、* xt-、* xk-、* xkw-、* xkl-、* xklw-、* xkr-、* xkrw-、* xq-、* xql-、* sp-、* spw-、* spl-、* st-、* stl-、* str-、* sk-、* skl-、* skr-、* skrw-、* sq-、* sqr-、* zb-、* zd-、* zdw-、* zgr-。

第二种意见是吴安其的原始汉藏南岛语说。吴安其(1998)坚持李方桂的汉台同源说,认为侗台语与南岛语是接触关系,没有发生学的关系。为了解释二者之间存在不少有对应关系词的现象,吴安其(2002:23)又提出语言的转用说,认为这是因为夏商时期大陆的南岛人开始转用侗台语,把自己的南岛语带进侗台语,成为底层词。他将侗台语中与南岛语有对应关系的词分成两类:一类词较早时就已存在于侗台语这种;另一类是侗台语分化之后,如黎语从大陆迁至海南岛时从南岛语那里吸收来的底层词。因此他构想的汉藏语与侗台语的历史分期路线是:前缀黏着形态的原始语(新石器早期)——原始汉藏南岛语(? —公元前 5500)——原始汉藏语(公元前 5500—公元前 3500)——古越语——原始侗台语(公元前 2000—公元前 1500)。吴安其(2009)为了坚持其上述观点,又提出"侗台文化"和"南岛文化"两个概念。他认为古百越遗址考古发掘发现有肩石斧、有段石锛、几何硬纹陶等,是侗台语与南岛语在同一地区存在的考古证据。吴安其(2004)认为侗台文化作为汉藏文化的一部分,侗台语作为汉藏语的一支,史前曾分布在长江下游。到了夏商时侗台文化向南传播,进入南岛语的分布区域。然而考古学、体质人类学、民族学、分子人类学、分子生物学等研究都已经证明侗台文化与南岛文化是一体的,而非与汉藏文化一体。吴春明(2004:88—90)指出:环"亚洲地中海"区域的考古学研究表明,我国东南地区发现的十多处人类化石遗存都不同程度地表现出与华北同期人类不同的地理分域特征,而这些分域特征恰好又同样表现在东南亚群岛、大洋洲的化石人类上。在文化构成上,自中更新世晚期以来就形成的特色鲜明的砾石石器工业分布代表了东南地区旧石器文化的主流形态。中国东南的砾石石器工业与匼河—丁村系、北京峙峪系构成的华北石片工业传统明显有别,而砾石石器工业同样是自中南半岛到东南亚群岛间旧石器文化的代表性特征。新石器、青铜器至早期铁器时代的考古也反映了这一土著文化传统的延续。华南土著印纹陶文化体系同样延伸到了东南亚和大洋洲群岛的史前文化中;吴安其(2002)在《汉藏语同源研究》第二章"汉藏文化的历史背景"中指出新石器时代晚期良渚文化的特征石器为扁平长方形穿孔石斧、有肩穿孔石斧、有段石锛。江苏东部夏代初期沿射阳河两岸分布的文化、商代湖熟文化和马桥文化具有良渚文化特征,也有穿孔石犁、有肩石斧、有段石锛等。双肩石器又发现于台湾大坌坑上层和圆山文化以及浙江的良渚文化中。林惠祥(1958)早在 20 世纪 30 年代就撰文指出:"有段石锛确是大陆东南区即台、闽、粤、赣、浙一带的特征物";朱泓(2002)指出:古人类学家在对我国南方地区史前、上古时期人骨遗存的综合研究中发现,浙江余姚河姆渡、福建闽侯昙石山、广东佛山河宕、广东南海鱿鱼岗、广西桂林甑皮岩等颅骨组的种族特征非常集中,代表了古代人群的一个重要区域类型"古华南类型",其前身还可以追溯到旧石器时代的广西柳江人。该类型的分布正与古越人的活动空间重叠，其体质特征与现代华南汉民人群有别，而与东南亚的印度尼西亚人、大洋洲的美拉尼西亚人等现代对比组比较接近。吴春明(2004:78)认为史前、上古中国东南的“百越先民”与东南亚、大洋洲“南岛语族”组成一个巨大的土著文化共同体体系。宿兵等人(2000)依据台湾地区，东南亚、美拉尼西亚、密克罗尼西亚和波利尼西亚等地的36个族群，总共551个男性样本的Y染色体的分析结果，发现波利尼西亚的南岛民族并非如过去许多学者所推论的源自台湾地区，而是源自包括华南在内的大东南亚范围，以岛屿东南亚作为中途站。臧振华(2001)支持其说。金力、李辉等学者(2002)调查了100个东亚人的遗传基因，其中包括30个侗台语族人。结果发现：第一，尽管已经与当地人混合了，但这些侗台语族人在遗传基因上非常相似；第二，很大比例的华南人群带有侗台语族人的明显特征；第三，相比其他南岛语族群来说，台湾少数民族与侗台语族群更相似；第四，侗台语族群的子族群在分离后仍然能很好地互相关联，这建立在他们在遗传基因上的相似性。这种相似性表明他们之间有限的基因流动。因此金力等先生认为侗台语族源自东亚南部，然后向北、向东迁移。复旦大学现代人类研究中心(李辉2002:89—94)对大部分现代百越民族群体进行了采样研究，包括印度的阿霍姆，泰国的兰那、东北泰和石族，云南的傣泐，广西的壮族、毛南族、仫佬族、夜郎、水族、侗族、拉伽，贵州的布依族和水族，海南的黎族和仡隆，浙江的于越，台湾地区的太雅、布农、阿美、排湾、曹、塞夏、卑南、卢凯、邵、巴则海等。研究发现，这些群体的Y染色体遗传结构体现出相当大的一致性，都有大量的M119、M110或M95、M88突变。其中，M119C这一SNP突变是百越族群的特征型，M110C和M88G也是百越的特有种类。在此基础上，黄颖、李辉等学者(2003:249—253)还在上海马桥地区采集了良渚文化时期、马桥文化时期、战国时代和明代墓葬中的出土人骨，进行DNA的抽提和测试。检测结果显示，这个地区的古代样品中均含有较高频率的M119C和M95T，尤其是M119C类型的分布更为显著。因此黄颖等先生推断这些古代个体在族属上与百越群体关系极为密切。

多学科研究成果已经表明侗台文化和南岛文化不应被割裂成两种文化。吴安其也许也意识到这一点，所以他(吴安其1997)说：“上文的分化图中应在南岛和古越之间加一连线，表明汉藏和南岛在新石器晚期的连锁关系。”他(吴安其1996)也承认早期古侗台语与现代布央语(属南岛语系)相近，有成音节的前缀，但没有区别意义的音节声调。原始汉台语是复音词占优势的语言，重音可能多数在末音节，后来可能由于单音节词根前缀音的整化或脱落，诱发复音词根的单音节化，成为单音节词根占优势的语言。侗台语共同语时期和侗台语分化后的不同支系中，也发生过复音词的单音节化，如* b-l-＞* bl-，* ʔ-b-＞* ʔb-，* k-bl-* ＞* kbl-，* ʔ-d-＞* ʔd-等。因此吴先生构拟了一系列带前缀的古侗台语声母，有* s-r-、* s-kr-、* s-bl-、* s-n-、* s-ŋ-、* ʔ-d-、* ʔ-r-、* ʔ-l-、* ʔ-bl-、* ʔ-m-，* ʔ-n-、* ʔ-ŋ-、* m-d-、* m-l-、* m-t-、* m-ql-、* p-l-、* b-l-、* g-r-、* t-r-、* k-bl-、* C-b-(* k-b-)、* C-pr-、* C-g-、* C-gr-、* C-d-、* C-k-、* C-r-、* C-l-等①。他构拟的原始侗台语单音节声母有* p-、* P^{h}-、* b-、* ʔb-、* pr-、* br-、* pl-、* bl-、* ʔbl-、* t-、* th-、* d-、* ʔd-、* k-、kh-、* g-、* kr-、* khr-、* gr-、* kl-、* khl-、* gl-、* qhl-、* qhr-、* ɢl-、* ɢr-、* m-、* n-、* ŋ-、* mr-、* l-、* -l-、* s-、* sr-、

① 邢凯(1995)认为原始侗水语主要辅音前的前置辅音不仅可以有一个，而且可以有两个。除了kh、k、s、ts、ph、h、ch、c以外，还可以有更多的前置辅音。原则上所有的辅音都可以出现在前置辅音位置上。

* skr-、* skhr-、* sgr-、* sgl-、* skl-①。

第三种意见是20世纪60年代美国学者白保罗(Paul. K. Benedict 1966、1967)提出“奥泰语”的假说,认为侗台语和汉藏语没有发生学上的关系,而是一种借用的接触关系。侗台语与南岛语才有真正发生学上的关系,应划入南岛-泰语系。此说在欧美影响很大,曾在中国大陆引发新一轮讨论。如蒙斯牧(1992)主张侗泰语跟回辉语一样是由多音节语发展而来的,它们首先经历音节弱化、音节失落、音位失落的语音结构变化而变成单辅音单音节词、复辅音单音节词和以元音为词首的双音节词,继而发生的语音结构变化,主要有元音失落、辅音失落以及辅音介音化三种形式,表现为前弱化音节失落和复辅音简化。侗泰语的祖语当是古代华南百越民族所操的越语,与古印度尼西亚语同源;邓晓华(1992、2011)认为壮侗语与南岛语有发生学关系;倪大白(2010)将印度尼西亚语跟我国壮侗语族中的壮傣语、侗水语、黎语进行同源对比,对比的词条多达2400多条,结果发现壮侗语族诸语言虽然经历了从多音节简化为单音节,从无声调变为有声调这样巨大的变化,但这些词语的基本面貌源自南岛语却是比较清楚的。陈保亚(1997)通过考察汉傣两种语言的接触机制和过程,提出语言接触无界而有阶的理论,用“阶”的曲线来考察关系词在两种语言中的反映,发现侗台语与南岛语有发生学关系、汉语与侗台语是由于语言接触而形成的语言联盟②。陈先生在白保罗澳台语系说的基础上提出澳越语系说。“澳”指原始南岛语,“越”指原始百越语。陈保亚(2002)通过数学算法画出了澳越语系的基本谱系数。澳越语首先分化出百越语和印度尼西亚语两个语支。百越语再分化出侗台语族和保定黎语。侗台语族再分出侗水语和台语③两个语群。游汝杰(1996)也支持白保罗的意见,认为无论从语言学,还是从人种学、文化人类学、考古学等研究来看,台语与南岛语在历史上有密切关系是可以肯定的。他们的研究还得到分子人类学研究的验证。李辉(2011:173—177)认为,澳泰族群包括分布于中国大陆和东南亚各国的侗傣、黎仡族群,中国台湾地区少数民族以及东南亚、太平洋、印度洋岛屿的马来—波利尼西亚族群。他采集了包括中国大陆和越南、泰国、印度尼西亚,以及中国台湾地区人群的Y染色体和线粒体DNA1325例,发现澳泰族群最明显的特征性标记是Y染色体SNP单倍群O1和线粒体单倍群B4a、B4b、M7b。其研究还发现,澳泰族群是5万年前走出非洲的现代人类的分支。现代人类来到远东地区以后形成了蒙古人种的群体,并由东南亚向东亚大陆进发。大约3万年前,群体在云贵高原两侧分为两条路线北上,南亚—苗瑶—汉藏祖先群从西线走缅甸—云南路线;澳泰族群从东线走越南—广西路线。在北部湾一带,澳泰群体孕育了很长时间,O1单倍群就是2万多年前在此出现的。澳泰族群的分化和扩张分为三个阶段。第一阶段是旧石器时代的分化,首先是广西内陆的山地群体后来发展成为雒越。O1出现在沿海群体中。1.4万多年前,沿海群体向东迁徙,散布到整个广东和台湾的海岸线上。台湾地区的少数民族就是从那个时期开始

---

① 吴安其(1998)所谓原始侗台语是指新石器末期和夏商之际分布在长江下游的南北两岸,即江浙一带的语言。

② 白保罗主张澳—台语系和南亚语系合并成一个大语系。陈保亚(1996)的观点与之有所不同。他认为侗台语和南亚语是接触关系,不是发生学关系。

③ 本文所论“台语”是指侗台语群的一个语支,包含流行于贵州中部、南部和云南东南部的布依语,云南和广西的侬语,广西的壮语,云南的傣语,以及国境外的暹罗语、老挝语和掸语。参看:邢公畹.邢公畹语言学论文集[M].北京:商务印书馆,2000:340.

形成遗传基础。稍后，北部湾的沿海群体又有部分沿着越南海岸南下，后来发展成马来族群。大约1万年前，广东西部的群体和东部的群体发生了差异，西部群体后来大部分沿海成仡佬族，而东部是侗傣族群的祖先。与仡佬族遗存关系最密切的是现代侗水族群。第二个阶段是新石器时代的扩张和分化。广东东部的某个部族在这次扩张中形成三个族群：向浙江的迁徙形成江浙的越族祖先，向台湾的渡海迁徙形成台湾平埔族的一部分，在广东、福建内部扩张形成侗傣族群的第二个遗传层次。到5000年前至3000年前期间，闽越和南越发生分化，闽越向北分出东瓯，南越向西分出西瓯。西瓯和雒越融合形成壮傣族群的祖先。仡佬的祖先向西北迁徙到了贵州，建立了夜郎诸国，同化了当地的许多南亚语白濮族群，因此仡央族群遗传结构有明显的二元性。第三阶段是历史时期的流散和迁徙。2000多年前在汉族的扩张压力下，澳泰族群百越民族纷纷离开东南沿海。特别是闽越在强制移民政策下，几乎完全离开了福建，故而在福建几乎看不到澳泰遗传特征了。部分闽越群体逃亡到了广东，并渐渐向西迁徙到贵州，演化成今天的水族类民族。广东南越群体也大规模向西北迁徙，形成今天的侗族类群体。壮傣族群中有一部分人向中南半岛迁徙，渐渐分化成了现在的傣泰族群。李辉还制作了澳泰族群演化的父系遗传谱系树（见图1）。从这个谱系树可以清楚地看到侗台语与南岛语的同源分化关系。

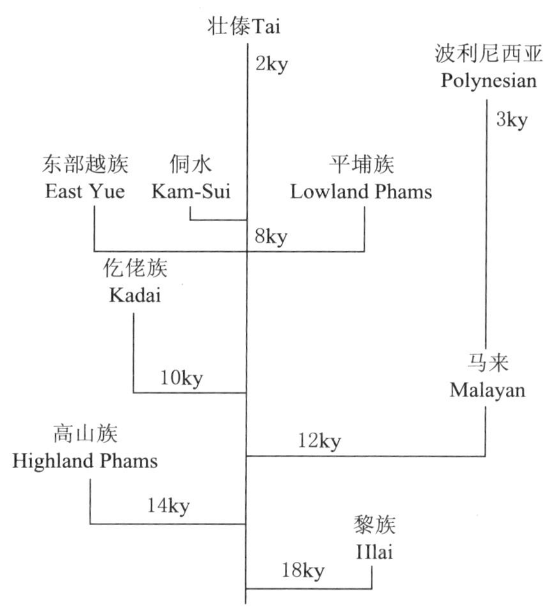

图1　澳泰族群演化的父系遗传谱系树
（引自李辉《侗台语与南岛语同源》）

第四种是沙加尔于1990年提出的汉藏泰澳语系说，认为汉语和澳台语系有发生学关系①。此说一经提出，就得到邢公畹和郑张尚芳两位先生的大力支持。邢公畹本来是支持李方桂汉台同源说的。他（邢公畹1999）构拟的原始台语比李方桂多出一对* hl/r-。看到沙加

① Laurent Sagart 1993 Chinese and Austronesian: Evidence for genetic relationship, Journal of Chinese Linguistics 21.

尔的论文之后,他连续写了三篇《L.沙加尔〈汉语南岛语同源论〉述评补正》,主标题为《关于汉语南岛语的发生学关系问题》《汉语南岛语声母的对应》和《汉语南岛语声母及韵尾辅音的对应》,发布在《民族语文》1991年第3、4、5期上,支持沙加尔的学说,并提出一个设想,即人类语言史上有两支规模最大的语系:一支从南向北延伸,叫做欧罗巴语系;一支从北向南延伸,叫做汉藏泰澳语系。郑张尚芳(2005、2012a)认为汉语、藏缅语、侗台语、苗瑶语、南岛语和南亚语组成一个大"华—澳语系"。

从语言学、考古文化学、考古人类学学、体质人类学、分子人类学、民族学诸领域的研究成果来看,侗台文化与南岛文化、原始侗台语与原始南岛语、古越语与原始南岛语都是同源的。

2. 原始南岛语的音节结构

布拉斯特(Robert A. Blust 1970)于1970年构拟的原始南岛语有一到四个音节,如* au"yes", * lem"in", * aRak"walk in procession", * baŋga"compete", * balisaq"restless", * quluŋaq"pillow", * baniqaga"commerce", * maka(dD)iŋ(dD)iŋ"cold", * pu(ŋ)(Ct)iqa(nN)ak"goblin", * samaŋ(CtT)ara"while, during"。其中有的双音节或四音节词是由重迭而成的,如* bunbun "fontanel", * culcul"set fire to", * busbus busbus"leak, spill out", * rug(ae)ŋ rug(ae)ŋ①。沙加尔(Laurent Sagart 1993、1994)构拟的原始南岛语的语素没有四个音节的,他认为最多可以到三个音节。与前人有所不同的是,沙氏构拟了不少词根音,这些词根音可以出现在大量的词项里,如-pus"完了"出现于upus"消灭,筋疲力尽",tu(m)pus"完成,终止",tapus"已完成,已终止",timpus"完了,耗尽",la(m)pus"走了,消失,使结束"等。他指出的原始南岛语的音节结构特点有:(1)音节有C1V、C1VC2、V, VC四种。如* ibu"母亲",* upus"消灭,筋疲力尽",* bulu"绒毛、毛、羽",* kuk"哭",* ambi"补充",* a(n)Dak"攀登"。(2)一个词的最后成分可以是一个元音,也可以是一个辅音,起首成分也是这样。但有一个限制,即单音节词显然常以辅音开始(例外有au"是")。(3)辅音连续是不允许的,除非是词间音。这有两种情况:一种是两个元音之间的塞音可以有个居先的同位鼻音* saŋga"刀把儿",* sumpaq"迷惑,(妖术)诅咒";一种是词内复辅音,是重迭单词的结尾辅音和起首辅音相连的结果,如:* pespes, * pukpuk, * lamlam等。(4)原始南岛语中缀-ar-、-in-分别对应汉语上古音中缀-r-、-j-,前缀ma-对应n-。原始南岛语和汉语都是将中缀放在词根的第一个元音前面。(5)鼻音在同部位的塞音之前是可选的。如* pa(n)tar"平坦",* a(n)tus"过甚",* bu(ŋ)kas"揭露",* u(ŋ)kuq "狗",* ta(ŋ)kus"敏捷、快",* su(m)pak"拍打",* la(m)pis"平坦的层面",* da(m)pa"镇定"等。何大安、杨秀芳(2000:1—30)构拟了95个原始南岛语,其中有单音节词5个,如* su "你";双音节词80个,如* macay"杀、死";三音节词7个,如* qasəluɦ"杵",* qapədu"胆",词根音3个,如* -ta"一",* -suab"打哈欠",* -inaɦ"母亲"。他构拟的原始泰雅语有前缀* ma-,中缀-um,后缀-nux、-qig、-liq。吴安其(2006)构拟的原始南岛语最多也只有三个音节,如* sikuli"狗"、* teliŋa"耳朵"。前缀有ma-、mə-,后缀有-na、-q。

---

① Blust的拟音中带圆括号的如* samaŋ(CtT)ara中的(CtT),表示这个位置的辅音有C、t、T三种可能,而不是说这个位置有三个辅音。参看Robert A. Blust"Proto-Austronesian Addenda", Oceanic Linguistics, Winter 1970; 9, 2.

3. 17世纪高山族语言的音节结构

陈康(1992:413—469)编著的《台湾高山族语言》附录四收录了17世纪高山语词汇1110个。其音节有CV、CVC、VC、V四种结构,如na"的,从"、mal"灰尘、糠"、os"足够"、ina"女人"等。辅音居于两个元音之间时,辅音属后一个音节。在划分南岛语的音节结构时特别需要注意的是当两个或三个元音连在一起的时候,它们不是同一个音节,不是复元音,而是一个元音一个音节。如iou"山羊"是个三音节词,caiou"柴"是个四音节词。单音节比较少,如bo"尿"、ha"几乎,近似";双音节词如adim"陷阱"、ama"男人"、anno"属于此地"、voa"水果"、vaat"肉"、camang"什么"、vino"墨水"、ginnach"恐吓"等。有的双音节词是重叠而成的,如bitbit"伸腰"、liplip"干棕榈叶"、pispis"摸索"、tiltil"脚"、tintin"心";三音节词如macklingit"当眼睛变得模糊时"、vovoat"粥"、hoele"脑";四音节词如vouvoun"喷泉"、sasongdagang"教堂"、courau"臂环"。有的四音节词也是重叠而来的,如vanavana"说"、millamilla"逐渐"、kilikili"铃"、langalanga"慢,迟钝"、bouckbouck"打击"、goumgoum"荆棘";五音节词如tamakaginggon"醉汉"、pagihababa"休息"、tamahausong"贼";六音节词如attatillingagey"星"、passagadagoang"著名的"、tavoukakalag"蜥蜴"。六音节也有重叠而成的,如hiouhiou"鹧鸪";七音节词如ma-goupoupaag"下蛋"、sikaeourahoa"决定",八音节词有atouratourau"熬夜的人"。还有一些带辅音丛词,词首辅音丛如fnang"羚羊",glaf"房间",gmahit"传染"、gnataf"窗"、gwey"牡鹿"、lmilou"摇摆"、rmera"东风"、kmouskous"用手指"、smapsap"触摸"、tbong"甘蔗"、tging"鱼"、tmatam"喊叫"、tpal"饭桌"。词尾辅音丛如lijdt(苍蝇)、marilidt"斜视"。今邵语也有许多辅音丛。陈康(1992:228)将出现在词首和词尾的辅音丛处理为在两个辅音间插一个自然(弱)元音ə。这些辅音丛不能视为复辅音。卡那卡那布语中,ə出现在辅音之间,从不带重音,快读时消失,可以合理解释这一现象。

4. 现代南岛语的音节结构特点

据陈康(1992)《台湾高山族语言》的描述来看,现代南岛语词一般可分为单纯词、派生词和复合词。单纯词的音节结构有CV、VC、CVC、V四种;派生词指带前缀、中缀或后缀的词。现代南岛语的前缀都很丰富,如邹语(陈康:1992)的前加成分有20种:ai-、bi-、bohi-、bu-、e-、eo-、eu-、eau-、eupa-、euʔɚ-、himɚ-、i-、le-、mɚ-、ma-、me-、no-、so-、to-、tu-;沙阿鲁阿语(陈康:1992)的前加成分有28种:a-、ara-、aruka-、ki-、ma-、mai-、mara-、mari-、maru-、marua-、mata-、mi-、mu-、muri-、muru-、ku-、kuri-、paalu-、pala-、para-、pari-、pi-、pu-、puu-、tara-、tu-、tuma-、u-等。前缀很多是表实义,如邹语so-加在名词干前,构成动词,表示"点,燃烧"名词干所指事物。例如,tisəkova"光",so-tisəkova"点灯";puzu"火",so-puzu"燃烧";沙阿鲁阿语的前加成分a-带有"拿"的意思,如tumulu"多",a-tumulu"多拿";maini"少",a-maini"少拿"。中缀常加在名词词干中,构成动词,表示与该名词有关的行为动作。如卑南语tama"痰",t-əm-ama"吐痰"(陈康:1992)。或加在动词词干中构成名词,表示进行该动词干所指行为动作产生的事物。如撒斯特语tawbon"做米糕",t-in-awbon"米糕"(陈康:1992)。后缀多用于表处所、对象、性质,如鲁凯语kanə"吃",kanə-an"食物";kalisi"变坏",

kalisi-an“坏地方”(陈康:1992)。赛德语 taqi“睡”,taqi-an“卧室”;Pule“煮”,pule-an“厨房”(陈康:1992)。派生词的结构有前加 + 词干、中加 + 词干、词干 + 后加、前加 + 词干 + 后加、中加 + 词干 + 后加、前加 + 中加 + 词干、重迭词干 + 后加等方式。

5. 从吴越青铜器铭文中的国名、人名来看春秋时期古越语的音节结构

我们之所以只选用吴越国名、人名,是因为这些资料都是纯粹的记音,能反映古越语的音节结构。吴越铜器铭文中的国名、人名是当时吴越贵族凭着自己母语的语感借用汉字记录下来的。史籍中的吴越国名、人名则是汉人根据听感所做的记录。我们将以铜器铭文为主,史籍记载为辅。

5.1　与吴越民族人名相关的问题

1. 姓氏

李锦芳(1995a)认为百越人没有姓氏,文献所见百越人名多为本名或号或“号 + 名”。朱俊明(1994:127)也认为吴越人无氏姓。曹锦炎(2007)则认为吴越人有姓氏。越王属彭姓诸稽氏,并引《史记·越王句践世家》作“柘稽”,《国语》作“诸稽郢”以及徐令尹者旨𦉢炉盘“徐令尹者旨𦉢”为证。曹先生还认为吴王以“姑发”为氏。我们认为不可信。越王名中带“者(诸)旨(稽)”的,有“者旨于赐”“者旨不光”“(者)旨卲豕蓾”。《国语·郑语》:“彭姓彭祖、豕韦、诸稽,则商灭之矣。”韦昭注:“彭祖,大彭也。豕韦、诸稽,其后别封也。”从越国铜器铭文中的人名资料来看,“诸稽”“姑发”皆为号。吴王中以“姑发”命名的只有吴诸樊之名作“姑发䦅(胥)反”“姑发者反”或“姑发𨚕”。如果“姑发”真为诸樊的氏,那么其长子必以“姑发”为姓。然而至今未见。《史记·东越列传》:“闽越王无诸及越东海王摇者,其先皆越王勾践之后也,姓驺氏。”这是典籍中关于越王室之氏的最早记载。至于吴越王室的姓,典籍中有吴为姬姓、越为姒姓或芈姓的记载。任伟(2004)、张志鹏(2012)皆以为“吴为姬姓”说可信。

2. 夷名与华名

顾颉刚(1963)曾指出吴王僚、光是华化之名,州于、阖闾为夷式之名。李学勤(1985)认为宜侯夨簋中的宜侯夨指吴国世系中的熊遂,铭文中的虞公指的是周章。吴君可能都有两个不同形式的名字,有的是周人形式,如仲雍、季简、叔达,有的却是当地方言,如周章、熊遂、柯相。仲雍又名孰哉。我们也认为吴君有两套名字系统,如阖闾又名光。这也就是说吴国的统治者的确是周人。典籍所谓“吴为姬姓”说应当可靠。我们还注意到,周王朝的世系表中的人名“不窋”“差弗”“毁隃”“繄扈(周恭王)”“辟方(周孝王)”“宫涅(周幽王)”“宜臼”“胡齐(周厘王)”等都不是华名,而是夷名。不栺方鼎中的不㜸曾随昭王到上侯,不㜸簋中的不㜸曾奉周王之命讨伐猃狁,他们的名字与周先公不窋类似,应该也是周族人。不窋之名与越王不光、不寿性质也是一样的。繄扈与越君翳亏可相比对。《墨子间诂·非攻上》:“越王繄亏,出自有遽,始邦于越。”孙诒让注:“繄亏,《史记·周本纪》‘共王名繄扈’,与此相类。”

3. 谥号

顾颉刚(1963)又指出:“‘句践’之为‘菼执’,‘不寿’之为‘盲姑’,‘无余之’之为‘莽安’,‘无颛’之为‘菼蠋卯’……疑前者皆生时之名,后者皆死后之谥也……其(指吴越)王死后有易

名之典，与中夏类似。"郑张尚芳(2012b)认为"菼执"是越语，"菼"* daamʔ 可对泰文 ʔdamx"宗神"，"执"* tjɯb 可对泰文 cab"初，开始"。二字合起来其义相当于汉人庙号"太祖、太宗"。郑张尚芳(2012b)进而指出无颛谥号"菼蠋卯"，"蠋"* tjog 可对 cook"首领"，"卯"* mruuʔ 可对 hmɔʔ"适当的、合格的"，意为合适的领袖。"盲姑"是越王不寿的谥号，"莽安"是越王无余之的谥号。"盲"* mraaŋ、"莽"* maaŋ 音基本相同，都是对杀害之君的谥号，应对当泰文 mlaaŋx"杀害"。下文我们将提到，"菼执""菼蠋卯""莽安"分别可对"句践""无颛""无余"。因此吴王、越王有无谥号还难以确证。

4. 字与号

典籍中有一些关于吴王称号的记载，如《春秋》襄公十二年："秋，九月，吴子乘卒。"《左传》："秋，吴子寿梦卒。"杜预注："寿梦，吴子之号。"《吴越春秋》："吴人立余昧子州于，号为吴王僚也。"《史记·吴太伯世家》："寿梦有子四人，长曰诸樊"，《史记索隐》："《春秋经》书'吴子遏'，《左传》称'诸樊'，盖遏是其名，诸樊是其号也。"因此学界一般认为吴王、越王是有称号的。据我们研究，姑发是吴王诸樊的号，大叡矣、叡矣、戴记录的是吴王余祭的号，僚是吴王州于的号，者彶、者减是吴王光的号，初、差、者差是越王初无余的号。名号的格式正如李锦芳所言，为号+名。

还有一些学者认为吴王、越王不但有名、有号，还有字。如商承祚(1962)认为王子玧剑中的"玧"即吴王僚之字，在史书中作"州于"。古代人对于两个字组成的人名字号称谓的方法有两种：其一，常略去前一个字而仅用后一字；其二为二字急读合成一音。"玧"并非"州于"的合音，而是采用"州于"的末一字。攻敔王光剑中的"趄"和攻五王光韩剑中的"韩"，李家浩(2002)认为"趄"("逗"之异体)或"韩"是吴王光的名，"光"是字。曾宪通(1989)疑"逗"为吴王光之字或号，"光逗"可能是吴王阖庐的名号连称。目前能确证为吴王之字的大概只有吴王光之"光"了。

5.2 学界关于吴越国名、人名的解释

1. 发语说。此说最早见于西晋杜预所注《左传》，一直到明末清初未有异说。《左传》定公五年经"于越入吴"下杜注曰："于，发声也。"孔颖达疏："越是南夷，夷言有此发声。"《左传·襄公十年》："会于柤，会吴子寿梦也。"杜注："寿梦，吴子乘。"孔颖达疏引服虔云："寿梦，发声。吴蛮夷言多发声，数语共成一言。寿梦一言也，经言乘，传言寿梦，欲使读者知之也。"长孙讷言引而申之："吴楚则伤轻浅，唯轻浅，故多发音，数语合为一言，犹今二合声四合声。吴为句吴，谒为诸樊，皆其证也。寿梦一言也者，言长言之为寿梦，疾呼之为乘。寿梦于文为二，吴人言之如乘之一言而已。"《汉书·货殖传》："辟犹戎翟之与于越，不相入矣。"唐人颜师古注曰："于，发语声也。戎蛮之语则然。于越犹句吴耳。"《汉书·地理志下》："大伯初奔荆蛮，荆蛮归之，号曰句吴。"颜师古注："句，音钩，夷俗语之发声也，亦犹越为于越也。"现代学者张敏(1988)认为，所谓"发声"，用现代音韵学来解释，就是复声母。曾宪通(1989)认为所谓"言多发声"是指吴语缓读时声母往往带出元音(韵母)的现象。"数语共成一言"者，则指疾呼时多音节词合成单音节词的情况。董楚平(1988)认为吴越的地名、人名基本上以鱼韵字及其紧邻的侯韵字"发声"。

2. 反切说。顾炎武据服虔说，曰："寿梦之'梦'，古音莫登反，'寿梦'二字合为'乘'字"(顾炎武《音学五书·卷下·反切之始》)，商承祚(1963)认为这只是巧合。

董珊(2009)分析吴王余祭的异名"大□矣工虘"时说:"'戴'对应'虘矣''大虘矣'。'戴'是端母之部字,'大'是定母祭部字。'虘'从虘声,庄母鱼部字。'戴'从戈声,同谐声偏旁的字,例如'哉''载',是精母之部字(在、才,从母),庄、精都是齿音声母。'矣'的声母是喻三,上古音归匣母,属喉音,韵为之部,与'戴'同韵。综合上述,大、虘与戴声母相对应,矣与戴的韵母相对应。'工吴'与'吴'相对应……表中所列的汉字,只有部分音节元素起到表音作用,其功能类似于后世的反切或今天的拼音。"

3. 合音说。董楚平(1992)主合音说。他认为"玖"是"州于"的合音,"诸樊"是"姑发腎反"的合音。

4. 择音说。商承祚(1963)在《"姑发腎反"即吴王"诸樊"别议》一文中说:"中原人择其名之一字为译音。'姑发腎反',拟'姑'为'诸',拟'反'为'樊',而作诸樊。"

5. 急读、缓读说。朱俊明(1992)认为"瓯"与"具区"是华夏文字对瓯人同一语汇的胶着语音的急缓两译。"戈愆具丸"直译是"践句",即"句践"。"戈愆"为"践"的慢读,"具丸"为越国人自称句(瓯)而带有唇齿音的铁据。林澐(1963)对越王之名"者旨于赐"的解释是:"缓言之为者旨于赐,急言之则为鼫与。这就像《国语》上的寺人勃鞮,《左传》写作寺人披一样。"曹锦炎(1992)认为"鼫与"是因"诸稽于赐"急读之故。"适"是"诸稽"急读音的另一种写法。

6. 减音说。曾宪通(1989)在急读说的基础上提出减音说。他认为吴王钟"子胥宅句"之"句"乃"句吴"的一种急读减音现象。急读时有重音在前与重音在后的区别。倘重音在前,则突出其声,倘重音在后则突出其韵。就吴国国名而言,急读时起音重,则略其韵而扬其声,故单称为"句"、为"干"。收音重则去其声而存其韵,于是减音为"吴"。

7. 次要音节说。董珊(2008)认为"初无余"的"无"是一个次要音节,故可弱化并省略,记为"差(初)徐(余)"二字。诸樊之名作"姑(胋)癹(发)者(诸、腎)阪(反、郧)",其中"者反"与"诸樊"相当,"姑""者"字均属次要音节。"冯(逢、夫、佚)同"似是省略次要音节"姑"与"昏"的形式(董珊 2014)。

8. 附加语说。李家浩(2012)认为"句(工)吴"的"句(工)""于越"的"于"都是附加语。吴王句余的异名"虘绒此郤"中的"虘"和"此"也是附加语。

上举诸说中,发语说和附加语说的问题在于把"句""于"等看作无意义的词头,这从原始南岛语的研究来看,是值得商榷的。原始南岛语和现代南岛语的前加成分很多都是有词汇意义的,并非都仅有语法意义;反切说就"寿梦"对"乘"这样的个案来说似乎有道理,今汉记侗语的方法中也有用反切法的。但春秋战国时期反切法还没产生,故此说也有破绽;合音说,择音说和急读、缓读说都是从汉人记译音的角度来说的,对于吴越铜器铭文中吴越人自己的记音则难以适用;减音说成立的基础在于古越语的音节轻重音是随意的,然而,从现代南岛语来看,南岛语的音节重音是有规律的。沙平(1951)指出印度尼西亚语的重音一般都在每个词的末尾一个音节。三个音节以上的词,最后两个音节都读重音,但末尾的一个应当读得更长些。陈康(1992)指出赛德语多音节重音一般落在倒数第二个音节上。如一个词干加后加成分表示某种语法意义或词的意义时,重音也会随之后移至倒数第二个音节;次要音节是指双音节语素向单音节语素发展过程中的中间环节,即一个半音节,由前置辅音 + 单音节构成。次要音节说较为贴近古越语的语言事实。董珊(2008)用次要音节说解释"初无余"和"差徐"的关系,有一定道理。但将"姑发者反"中的"姑发"都当成次要音节,则不妥。可见以上诸说皆难以自圆其说。

5.3 从典籍和铜器铭文中吴越国名、人名异文来看春秋时期古越语的音节结构

1. 吴国国名：吴 ŋ^{w}aa①(《越绝书》、吴王光钟、吴季子之子逞剑)/勾 koo 吴 ŋ^{w}aa(《吴越春秋》)/句 koo 吴 ŋ^{w}aa(《世本》)/工 kooŋ 吴 ŋ^{w}aa(工吴王□矣工吴剑)/工 kooŋ 𫊸 ŋa(工𫊸王剑)/工 kooŋ 𫊸 ŋa(者减钟)/攻 kooŋ 𫊸 ŋa(夫跃申鼎)/攻 kooŋ 敔 ŋaa(攻敔王夫差鉴)/攻 kooŋ 吾 ŋaa(攻吾王光剑)/虞 gaʔ(虞王光趄剑)②/攻 kooŋ 吾 ŋaa(光韩剑)/攻 kooŋ 敔 ŋaa、攻敔(攻敔/敔王夫差剑)/攻 kooŋ 吴 ŋ^{w}aa(攻吴王夫差鉴)/koo 句(吴王钟)③/工吾(吴王光带钩)/句 koo 敔 ŋaa(宋景公嫁妹媵器,《文物》1981 年第 1 期《河南固始侯古堆一号墓发掘简报》)/敔 ŋaa(敔王夫差剑)/攻 kooŋ(虘巢镈/钟)

今按：曹锦炎(2007)认为“句吴”“句敔”乃中原人记吴音的缘故。从吴国铜器来看,绝没有一件把“工(攻)”写作“句”的。吴国国名在诸樊以前作“工𫊸”;诸樊时作“工𫊸”;阖庐时改作“攻五”,后作“攻敔”,再改作“攻吴”,最后由“攻吴”省为“吴”,夫差时仍沿用最后三种写法。曾宪通(1989)认为吴王钟“子胥宅句”之“句”乃“句吴”急读减音后的结果。他认为吴国国名“句吴”是个双音节的单纯词,其书面符号,只要与这两个音节发音相同,使用任何同音字来记载都未尝不可。冯蒸(1984)认为从“攻吴”到“句吴”是一种连音变读现象。是因为音渡问题引起的古人对汉语音节的误分。我们认为,由于“工”“攻”的韵尾-ŋ 与“吴”“吾”的声母 ŋ一样,连读起来,在中原人的听感中,吴国国名为 koo'ŋ^{w}aa,也是有可能的。对于吴国人来说,“句”和“工”“攻”音近,所以都可以用来记录同一个词。学术界关于“句”的解读,主要有两种意见：一种意见认为“句”为虚义的词头(周振鹤、游汝杰 1980)。殷伟仁(1994)认为“句吴”是用音译兼意译的办法用汉字记录吴国国名。“吴”即吴语里的“鱼”,鱼是吴国人的图腾。而在华夏语,“勾吴”即勾画鱼纹的意思;另一种意见认为“句”是有意义的。郑张尚芳(1996)认为“句”表“宗族氏族”之义。我们认为,如果“句”是没有实义的词头,就难以解释吴国国名为何可以省称作“句”(吴王钟)“攻”(虘巢镈/钟)。因此我们主张“句”是有实义的名词。李锦芳(1996)认为勾吴与瓯音近,可能是越人别名“瓯”的另一种写法。“瓯”是古越语中“人”一词的译名。李氏(1995b)在《百越地名及其文化蕴意》一文中又说“句”是百越语人名词头。我们认为“句”与“瓯”对应的是同一个词。“瓯”是影母侯部字,“句”是见母侯部字,音非常近。古籍中“瓯”在百越族名中都用作通名。据我们研究,太伯在宁镇地区建立吴国之初,吴国的土著居民有荆蛮(三苗)、东夷、淮夷和越族。其中越族主要居住在宁镇东部地区。太伯定制国号时就是考虑到要照顾各民族的部族的心理感受。“句”代表越人。

袁进(1993)认为“句”“勾”“工”“邗”“干”都是“赣”的同音假借。“赣”为商周之际江西土著赣人的国族名。袁先生将赣人等同于干人、邗人不妥,不过他认为赣人为江西土著有一定道理。西周金文有字作“䡅”(伯䡅父鼎),可隶作“䡅”,陈剑(2007)释为“赣”。目前虽不能确定伯赣父的封地就在江西,但李家浩(2002)已释出楚玺“上䡅君”即楚国的一个封君。《汉书·地理志》豫章郡有赣县,其地位于今江西赣水边上的赣州市西。“上赣”亦可能位于赣水

① 本文的拟音采纳郑张尚芳(2003)《上古音研究·古音字表》。

② 此从李家浩(1989)说。

③ 此从曾宪通(1989)说。

边上。李家和等先生(1990)曾指出赣鄱地区与湖熟文化前期阶段最为对应的还是江西吴城文化。饶惠元(1959)、曾昭燏和尹焕章(1959)、吴汝祚(1962)先后撰文主张湖熟文化与江西清江的赣江平原、沉香溪谷地所发现的遗址相接近,二者应该属于同一系统。如此看来,袁进(1993)认为太伯奔吴的路线是先到彭蠡再向南进入江西赣鄱流域然后东迁宁镇地区,太伯在赣鄱流域建立了句吴国,“吴”是太伯本族族名,“句”是赣人族名,是值得考虑的。

“虞”是“橹”的初文(叶玉英 2014)。《释名》:“(盾)大而平者曰吴魁,本出于吴,为魁帅者所持也;隆者曰须盾,本出于蜀,须所持也。或曰羌盾,言出于羌也。”这说明吴盾是吴国很有代表性的兵器。太伯所在的部族本是氐羌族中的虎氏族支系(彭明翰 1999)。宁镇地区的土著居民荆蛮与太伯一样都是源自晋南的崇虎族,土著居民中的东夷是有虞氏的部族(张敏 1995、1999)。有虞氏以驺虞为图腾。《说文》:“虞,驺虞,白虎黑纹,尾长于身。”《越绝书》卷二:“阖庐冢,在阊门外,名虎丘……十万人筑治之,取土临湖口,葬三日而白虎居上,故号为虎丘。”徐南洲、徐晓睛(2001)认为白虎就是句吴的图腾物。宁镇地区的土著淮夷也可能与虎方有关。因此太伯用“虞”记录国名。值得注意的是,吴国国名又写作“攻敔”,“敔”正是虎形乐器①。《说文》:“敔,禁也。一曰乐器椌楬也,形如木虎。”

在侗台语②的词法结构中,名词有三种形式:(1)前缀(词头)+中心词;(2)中心词+修饰成分;(3)并列结构。“工戲”“工虞”“攻五”“攻敔”“攻吴”都应该是并列结构的双音节词,两部分都有实义。故既可省称为“攻”“句”,又可省称作“吴”。

2. 句 *koo 卑 *pe(《史记·吴太伯世家》)/毕 *pid 轸 *kljɯnʔ＞*tjɯnʔ(《史记索隐》引谯周《古史考》)/句 *koo 毕 *pid(《吴越春秋·吴太伯传》)

今按:“句卑”“句毕”之“句”当与“句余”“句践”之“句”性质相同。郑张尚芳(1996)将“句践”的“句”与泰文 kuux“兴复、保救”对应。李锦芳(1995a)将“句(勾)”“姑”“柯”“居”视为一音之转,是百越语一种人名词头的不同译音字。我们认为“句”“姑”“柯”“居”的确是表人名、地名的词头,但“姑”“柯”“居”是一类,“句”则是另一类。越王朱句(越铜器铭文中作“州句”或“州丩”)、越大夫寺句(或作“寺区”)之“句”则是中心词(词根)。从“句卑”又可作“毕轸”“句毕”来看,这个人名应该是个“词头+词根+词尾”的三音节派生词。

3. 寿 *djus 梦 *mɯŋ(《吴越春秋》《左传》杜预注:寿梦,吴子之号。吴王寿梦之子剑)/孰梦诸(《世本》)/祝 *tjugs 梦诸(《世本》)/孰 *djɯwɢ 姑 *kaa(《世本》)/乘 *ɦljɯŋ(《春秋·襄公十二年》)

今按:董珊(2014:8、97)认为“乘”与“孰(祝)梦”“寿梦”对音,“姑”或“诸”乃后置成分。吴国先祖仲雍又名“孰哉”(《世本》),越大夫名“常寿过”(《史记·楚世家》),可见“孰”“寿”可记

---

① 谭步云(2006:499—501)认为秦公大墓石磬残铭凤南 M1:300 铭文中的“虎”、徐𬭚尹钲中的“[illegible]”(谭先生认为字从虎从口)、上博四《采风曲目》简 5 中的“虎”指的就是“敔”。

② 目前音韵学界已达成共识,认为春秋时期吴越两国的语言属侗台语系。说见李锦芳的《百越族系人名释要》,郑张尚芳的《〈越人歌〉解读》《古吴越地名中的侗台语成分》《句践“维甲”令中之古越语的解读》《古越语地名人名解义》,游汝杰的《论台语量词在汉语南方方言中的底层遗存》,周振鹤、游汝杰的《古越语地名初探——兼与周生春同志商榷》,韦庆稳《越人歌与壮语的关系试释》,张民《试探〈越人歌〉与侗歌——兼证侗族族源》,白耀天《〈榜枻越人歌的译读〉及其有关问题》,林河《侗族民歌与〈越人歌〉的比较研究》,周流溪《〈越人歌〉解读研究》,欧阳若修、陆干波《关于〈越人歌〉研究的几个问题》,等等。

录一个音节,“梦”记录的是中间的音节,“姑”“诸”记录的是第三个音节。吴王寿梦之名当由三个音节组成。“孰梦诸、祝梦诸”与“寿梦”的关系与“专诸”又作“专设诸”一样。中原人可能因轻重音的关系,只记了前两个音节,省了最后一个音节。“乘”是中原人所记“寿梦”“孰(祝)梦”之急读音。

4. 元* ŋon 讶* ŋraas(吴王元剑)/遏* qaad(《史记索隐》:“遏是其名,诸樊是其号也。”/诸* tjaa 樊* ban(《吴越春秋》)/姑* kaa 发* pad 䦛/䎽(舌* ɦblej)反* panʔ(工𫠪大子姑发䎽反剑)①/姑* kaa 发* pad 郊* panʔ(诸樊之子剑,《文物》1998 年 6 期第 91 页图)/姑* kaa 发* pad 者* tjaaʔ 反* panʔ(诸樊之子通剑)/姑* kaa 发* pad 者* tjaaʔ 阪* panʔ(诸樊戈)/皮* bral 然* njen(者减钟)②

今按:商承祚(1963)认为“元讶”即诸樊之名,史籍作“遏”或“谒”乃周人记其后一字之由。我们认为“元”是元子之省称,文与“徐王义楚之元子羽”(徐王义楚之元子羽剑)相似。“讶”即“遏”。《吴郡志》卷一《沿革》:“寿梦卒,子诸樊立”下小注“谯周云:又名诸樊遏”。董珊(2014:8)说“诸樊遏”似可理解为字与名连称。“诸樊”为字,“遏”是名。“樊”与“遏”词义都与“止”有关。“诸樊”显为夷名,“诸”是古越语常见的人名词头,“樊”为词根,因此不可能是华夏人名中的字。我们认为“遏”是“姑发”的急读。“诸樊遏”即“诸樊姑发”,是“姑发者反”的倒称。“姑发者反”又可作“姑发郊”,说明“者”为人名词头,“反”才是词根。“姑发者反”之“者反”是其名,“姑发”可能是其号。这正符合百越“号+名”的习惯。“皮然”是“姑发郊”省去词头“姑”的结果。

5. 余* la 祭* ʔsleds(《吴越春秋》)/余* la 蔡* shlaads(马王堆帛书《春秋事语》/句* koo 余* la(《左传》)/𪥩* zaal 蛾* koo 此* sheʔ 郐* la(攻敔王𪥩蛾此郐剑)/𪥩* zaal 蛾* koo 郐* la(吴王寿梦之子剑)/大* daads 𪥩* zaal 矣* ɢlɯʔ 工* kooŋ 𪊨* ŋa(工𪊨大𪥩矛)③/𪥩* zaal 矣* ɢlɯʔ工* kooŋ 吴* ŋa(工吴王𪥩矣工吴剑)/戴* ʔl'ɯɯgs 吴* ŋʷaa(《左传》)

今按:董珊(2014:15)认为“工𪊨”“工吴”“蛾郐”“蛾此郐”“余”为主要成分,“戴”“𪥩矣”“𪥩”是前缀,“祭”“蔡”为后缀。我们认为《吴越春秋》“余祭”与马王堆帛书《春秋事语》“余蔡”相合。《左传》又称“句余”,可见“余”是词根,“句”是前缀。“𪥩蛾郐”“𪥩蛾此郐”皆为“句余”的缓读。“大𪥩矣工𪊨”“𪥩矣工吴”“戴吴”乃号+名。其中,“大𪥩矣”“𪥩矣”“戴”都与“句余”对应,为其号,“工吴”是其名。“戴”是中原人所记的急读音,“吴”是对“工吴”的急读记音。

---

① 诸家一致认为“姑发䎽反”指吴王诸樊,但释读却有不同。马承源(1990)认为“姑”通“诸”,“发”通“樊”,越音“姑发䎽反”,古汉音简译为“诸樊”;商承祚(1963)认为“姑”通“诸”,“反”通“樊”;董珊(2014:9)将“䦛”、“䎽”分别读作“讘”和“聂”。我们认为“䦛”是在“䎽”上叠加声符“舌”。“舌”上古音为船母月部字,与“者”(章母鱼部)音更近。

② 唐兰(1958)主“诸樊”说;马承源(1979)认为皮然、句卑、毕轸为一人。此从马承源说;李家浩(2012)认为“皮然”指吴王光。董珊(2014:41)支持唐兰说。

③ 冯时(2000)认为“大𪥩”、“戴吴”字异而义同,“𪥩”“吴”(通“虞”)都有“取”义。“大𪥩”似是余祭的字。“工𪊨”疑为余祭之名号,文献“句余”疑即钟铭之“工𪊨”。“大𪥩”“工𪊨”或可连读为“大𪥩工𪊨”,如同吴王光趄,一字一名;刘雨(2002)认为工𪊨大𪥩矛铭文中“大𪥩”当读“大祖”;李学勤(2005)认为“大𪥩”当读为“夫差”;董珊(2009)据曹锦炎公布了一件杭州市郊老余杭南湖出土的一柄吴王剑的铭文“工吴王𪥩矣工吴”指出工𪊨大𪥩矛铭文中的做器者为“大𪥩矣工𪊨”,对音文献中的“戴吴”;李家浩(2006)在《谈工𪊨大矢钺铭文的释读》一文中认为“𪥩”当读为“作”,在铭文中因工匠失误而错位,认为做器者名为“大矢”。后来在《攻敔王者彶𪥩虏剑与者减钟》(2012)一文中同意董珊的看法。

者 *tjaaʔ 彶 *krɯb 叡 *zaal 房 *raaʔ(吴王者彶叡房剑)①/阖 *gaab 间 *ra(《越绝书》《吴越春秋》)/阖 *gaab 庐 *ra(《左传》)/光 *kʷaaŋ(吴越春秋)/逭 *gʷaan(攻敔王光剑)/韩 *gaan(攻五王光韩剑)②/盖 *kaabs 庐 *ra(张家山汉简《盖庐》)/盍 *gaab 虑(清华简《系年》)/者减 *krɯɯmʔ③(者减钟)

今按:在上引吴王光之名的异文中,“者彶叡房”是号 + 名的形式,其中“者彶”与“者减”同为号,“叡房”同于“阖庐”“盖庐”“阖闾”“盍虑”是夷名。陈梦家(1956)根据《左传》襄公十七年“皆有阖庐”杜预注“阖谓门户闭塞”,其义与“光”相反,认为“阖庐”是吴王“光”之字。不少学者支持其说。但从“阖庐”的异文就可以看出它显然是个音译词,记录的不是汉语。我们认为“光”才是华式人名。对于吴王光既自称“光”,又自称“光逭”“光韩”的问题,李家浩认为“趄”(“逭”之异体)或“韩”是吴王光的名,“光”是字。“光”“桓”都有“大”义。“光逭”“光韩”是字 + 名连称。曾宪通先疑“逭”为吴王光之字或号,“光逭”可能是吴王阖庐的名号连称。百越人物名称为号 + 名。吴王光在即位前就称“光”,因此“光”不可能是号,如果“逭”“韩”是号,那么号何以放在名后面? 因此暂以李家浩说为是。

6. 夫 *pa 差 *shraal(吴王夫差矛)/是 *djeʔ 埜 *laaʔ(邗王是埜戈)/差(安徽霍山戈)/夫秦 *zin(《系年》)

今按:“夫差”“夫秦”之“夫”为古越语人名词头。类似的人名、地名有如甚六之妻夫欧申(夫欧申鼎)、阖闾之弟夫槩、越王夫镡、大夫扶同、达斯于(仆儿钟)、夫椒(地名)。《汉书・地理志下》记东南亚国名“夫甘都卢国”。董珊(2014:37)认为清华简《楚居》篇讲到楚灵王、景平王、昭王都曾居于“秦溪之上”,“秦溪”应该是“溠水”。“溠”可写作“秦”,其语音关系正与“夫差”作“夫秦”的语音关系相同。“是埜”为“差”的缓读记音。

7. 戉(越王剑) *ɢʷad/于 *qa 越 *ɢʷaad(《春秋》)/于 *qa 粤 *ɢʷad(《竹书纪年》)/于 *qa 戉 *ɢʷad(越王大子矛)/雩 *qhʷla(清华简《良臣》)

今按:出土的越国铜器铭文中只有越王大子矛称“于戉”,其余皆称“戉”。清华简“雩”应当对“于”不对“戉”。由此看来“于越”是并列式结构的双音节词。“戉”指的是兵器,无需解释。“于”并非如颜师古说的是发语词。那么“于”是什么意思? 在出土的吴越青铜器中,作为器名的“钟”“鼎”“盘”“鉴”“簠”“戈”“戟”“剑”“矛”等用字都采用中原器名,唯有吴王夫差矛“矛”字作“[illegible]”。田宜超(1984)认为字当释为“鉔”;夏渌、傅天佑(1986)释字为“鏂”;咏章(1987)认为字从金、于声,可隶定作“釪”,当读为“鋘”;何琳仪(2003)亦释“釪”,但他认为“釪”同“釪”,是一种两刃器,亦作“鋘”,并引《吴越春秋・夫差内传》“两鋘殖吾宫墙”证之。吴镇烽《商周金文资料通鉴》从之;王人聪(1991)据《方言》“矛,吴扬江淮南楚五湖之间谓之鍦,或谓之鋋,或谓之鏦”,认为字当释为“鏦”。从各家对字形的分析来看,我们认为当以释“釪”为是。“釪”显然是记录当时吴越语言中“矛”的读音。董珊(2014)亦主此字为“釪”,并提出“釪”读作

---

① 此从李家浩(2012)释。李家浩认为“者彶叡房”即“阖庐”;陈斯鹏(2012)也认为“者彶叡房”指阖庐;吴镇烽(2009)释为“者彶叡房”,认为这是“州于”的对音。董珊(2009)释为“者彶叡虐”,也认为这是“州于”的对音。

② 李家浩(2002)认为“趄”(“逭”之异体)或“韩”是吴王光的名,“光”是字。曾宪通(1989:124)疑“逭”为吴王光之字或号,“光逭”可能是吴王阖庐的名号连称。

③ 此从董珊(2014:41)说。

"铦"或"锬",又引裴骃《史记集解》:"徐广曰:锬一作铦。如淳曰:锬,长刃矛。"这引起我们对越国国名的重新思考。沈融(2007)曾指出:"吴越系统青铜兵器重点发展以步战见长的矛和剑,长柄格斗的主要兵器是矛。"在典籍中,越棘(戟)常被称扬,如左太冲《吴都赋》:"吴钩越棘,纯钧湛卢(纯钧、湛卢乃越王勾践五宝剑中最好的两把剑)";《宋书·邓琬袁顗孔顗列传》:"……总勒步师,连旗百万,河舟代马,谳骛江濆,越棘吴钩,交曜畿服,笳鼓动坤坤,金甲震云汉,掎角相望,水陆俱发。"《礼记》:"越棘大弓,天子之戎器也。"郑玄注:"越,国名也。考工记曰:越铁利,可以为戟。"吴越系统的戟上装矛。越国国名"于越"之"于"可能就是指矛或戟。上古音"于"* qaa,"戟"* krag,音极近。

8. 勾* koo 践* zlenʔ(《史记》)/句* koo 践* zlenʔ(《越绝书》)/攸* koo 訾* zlaan(越王句践之子剑)/欿訾(越王句践之子剑)/台* gu 戋* zlaan(越王句践之子剑)/欿* gu 浅* shlenʔ(越王句践剑)/句* koo 賤* shlenʔ(清华简《良臣》)/菼* lhaamʔ 执* tjib(《竹书纪年》)

今按:郑张尚芳(1996)认为"句践"之"句"与地名"句"不一样。此"句"与泰文 kuux"兴复、保救"音近,"践"与泰文 zeenh"祭祀"音近。作为领导人的句践可能以"兴祀"为名而表达保家卫国之义。我们认为此说颇为牵强。勾践在越亡国前和复国后并未改名。亡国前并无兴祀之忧。"句践"之"句"与吴王"句余""句卑"之"句"同理,都是人名词头。

郑张尚芳(2012)还以为"菼执"是勾践的谥号,"菼"* daamʔ 可对泰文 ʔdamx"宗神","执"* tjɯb 可对泰文 cab"初,开始"。二字合起来其义相当于汉人庙号"太祖、太宗"。董珊(2014)疑"菼执"为"句践"的另一种音译。"执"与"埶"字形相近,容易致误。"埶"古音在月部,与元部字"践"为阴阳对转。"菼"从炎声,《说文》:"棪,从木炎声,读若三年导服之导。""导"是定母幽部字,与书母幽部字"收"读音相近,而"收""句"同谐丩声,"收"与"台"字音亦近。我们认为郑张先生以单音节的泰文来解释本为多音节黏着语的古越语不可信。董珊之说可以考虑。因为"菼执"是出自《古本竹书系年》,传抄过程中"埶"误写成"执"完全有可能。

9. 鼫* djag 与* laʔ(《史记》)/与* laʔ 夷* lil(《越绝书》)/適* teeg 郢* leŋʔ(《左传》)[①]/诸* tjaa 稽* kii 郢《国语·吴语》/鹿* b·roog 郢* leŋʔ(《竹书纪年》)/柘* tjags 稽(《史记·越世家》)/者* tjaaʔ 旨* kjiʔ 于* qaa 赐* sleegs(越王者旨于赐钟)/者* tjaaʔ 旨* kjiʔ 于* qaa 睗* hljeg(者旨于睗戈)/者* tjaaʔ 旨* kjiʔ(越王者旨矛)

今按:林沄(1963)认为"鼫与"是"者旨于赐"的急读。曹锦炎(2007)支持林先生之说,又指出"与夷"乃"于赐"的同音通假字,"適"是"诸稽"的急读音。"诸稽"为"氏"。曹先生(2007)又撰文申说越王之姓氏,为彭姓诸稽氏。董珊(2014)推断北京博华文盛文化艺术公司收藏的越王者旨剑铭文中的"者旨"是越王允常。"者旨于赐"为允常之孙。"者旨"相当于氏。《史记·东越列传》:"闽越王无诸及越东海王摇者,其先皆越王勾践之后也,姓驺氏。"这是典籍中关于越王室之氏的最早记载。因此"者旨""诸稽"也可能不是姓氏而是号。徐令尹者旨荆(徐令尹者旨荆炉《集成 10391》)亦为号+名。今东南亚南岛语族人取名还有固定的名簿,因此后世子孙与先祖的名字可能是一样的。这也许可以用来解释越王不光为何又称"者旨不光""旨不光"。"鼫与""与夷""柘稽"当与"诸稽"对音。"鹿""適"皆为"诸稽"的急读音,乃中原人凭听感所记之音。"郢"则为"于赐"的急读音。"于赐"与者尚余卑公於即盘[②]中的"于即"结构相

---

① 曹锦炎(2007:52—60)认为"适"是"诸稽"的急读音的一种写法。

② 董珊(2014:93)认为"者尚余卑公于即"应是器主的身份及私名。

同,“于”为人名词头。

10. 翳 * qii(《史记》《竹书纪年》)/不 * pɯ 扬 * laŋ(《越绝书》《吴越春秋》)/者 * tjaaʔ 旨 * kjiʔ 不 * pɯ 光 * kʷaaŋ(越王者旨不光剑)/旨 * kjiʔ 不 * pɯ 光 * kʷaaŋ(越王嗣旨不光剑)/不 * pɯ 光 * kʷaaŋ(越王不光剑)/者郘(越王大子矛)/旨 kjiʔ 医 qiis(越王旨医剑)①/旨殹(越王旨殹剑)/丌 kɯ 北 pɯɯg 古 kaaʔ(越王丌北古剑)/丌 kɯ 北 pɯɯg(越王丌北古剑)②/丌 * kɯ □ * bɯg 居 * ka(越王丌北古剑)③

今按:董珊(2014)认为“旨殹”即“者旨殹”的省略。曹锦炎(2007)认为“旨不光”为“者旨不光”之省。“者旨”读为“诸稽”,为越王的氏。铭文“不光”在《越绝书》《吴越春秋》写作“不扬”。“不光”是名。“不光”与“翳”乃一字一名。此时越王室贵族取名,已有华夏化的倾向。我们认为“不光”不能用汉语的意义来解释。“不光”“不寿”之“不”都是古越语的人名词头《山海经・大荒南经》卷十五:“南海渚中,有神,人面,珥两青蛇,践两赤蛇,曰不廷胡余。”“不廷胡余”是古南岛语中的人名。金文中还有一些以“不”开头的,如“不巨”(鄦侯少子簋)“不㤅”(藤之不㤅剑)“不昜”(宋公差戈)“不楷”(不楷方鼎)“不嬰”(不嬰簋)都是音译词,不能用汉语来解释。“不光”对“丌北古”之“北古”也说明这一点。“丌”“翳”也是中原人对“诸稽”的急读记音。因此“丌”“翳”是号,“不光”是名。

11. 诸 * tjaa 咎 * kɯɯw(《竹书纪年》)/者 * tjaaʔ 汈 * tɯɯw(者汈钟)/啚 * daa 寿 * djus(越王大子矛)④/者旮 * gu(越王者旮矛)/者句 * goo(越王者句剑)⑤

今按:董珊(2014)认为“啚寿”即“不寿”,与又称“盲姑”的不寿同名。从“诸咎”“者汈”“者旮”“者句”的对音来看,“啚寿”之“啚”当读《广韵》“同都切”,同“图”,上古音为定母鱼部,郑张尚芳的拟音为 * daa。故我们认为此“啚寿”并不与彼“不寿”同名。这组人名中的“者”也是古越语人名中常见的词头。

12. 初 * shra 无 * maa 余 * la(《世本集览》)/无 * maa 余 * la 之 * tjɯ(《竹书纪年》)/莽 * maaŋʔ 安 * qaan(《竹书纪年》)/差 * shraal 徐 * lja(越王差徐戈⑥、越王戟)/者 * tjaaʔ 差 * shraal 其 * kɯ

---

① 施谢捷(1998:584)、周亚(2009)两位先生都认为“旨医”指越王翳。

② 周亚(2009)根据越王剑铭文所处位置特征,断定丌北古剑当铸造于越王州句和不光之间。周先生认为越王翳(旨医)和不光不是同一个越王,丌北古在翳之后,越王不光则是丌北古之后的一位越王。从曹锦炎(2007)在《新见越王兵器及其相关问题》一文中提供的越王者旨不光剑铭文来看,者旨不光和旨医同现于一剑,可证旨医(翳)与不光当指同一个越王。虽然旨医剑和不光剑的铭文无论从位置关系(一个宽剑格,一个窄剑格)还是文字特点上都有差异,但这很可能是因为工匠不同造成的。越王翳在位 35 年(B.C411—B.C376),铸剑风格前后不同是很正常的。旨医剑铭文是在宽剑格、正反面的,不光剑则是在窄剑格正反面和剑首上,而丌北古剑的风格处于旨医剑和不光剑之间,即铭文在宽剑格正反面和剑首上。从上古音来看,“旨医”对音“翳”,“丌北古”“不光”对音“不扬”。“北”和“不”都是帮母字,“光”“扬”是阳部字,“古”是鱼部字。因此我们将丌北古剑也归为越王翳。董珊(2014:51—52)认为“丌北古”对音“盲姑”,指越王不寿。董先生将“北”对“盲”,但“北”与“盲”的上古音差很远。因此我们不采纳。

③ 此从董珊(2014:52)。

④ 此从施谢捷(1998)释。

⑤ 越王者旮矛和越王者句剑之详细资料可参阅董珊(2014:65)。

⑥ 此从董珊(2008)说。董先生认为“差徐”即“初无余”。“初无余”的“无”是一个次要音节,所以可弱化并省略,记为“差(初)徐(余)”二字。

余 * la(者差其余剑)①

今按:从上引异文来看,“初无余”“差徐”“者差其余”是一组。我们认为这一组人名是号+名的形式,“初”“差”“者差”(“者”为人名词头)是其号,“无余”(“无”是人名词头)“徐”“其余”(“其”为人名词头,与其次句鑃中的“其次”之“其”同)是其名。“无余之”是词头+词根+词尾的形式。《汉书·郊祀志下》:“是时既灭两奥,粤人勇之乃言:‘粤人俗鬼。’”颜师古注:“勇之,越人名也。”“勇之”和“无余之”都带词尾“之”。郑张尚芳(1996)认为“莽安”为无余之的谥号。我们认为不可信。“莽安”和“无余”可以对音。

13. 无 * maa 颛 * tjon(《竹书纪年》)/无 * maa 端 * toon(《世本集览》)/王 * Gʷaŋ 之 * tjɯ 侯 * goo(《史记》)②/搜 * sru(《庄子》《吕氏春秋》)/菼 * lhaamʔ 蠋 * dog 卯 * mruuʔ(《竹书纪年》)/旨卲 * djews 豖 * thog 亩 * m·ru(旨卲豖亩剑)③

今按:董珊(2014)认为“旨卲豖亩”中“旨”为“者旨”之省,是越王氏名。“卲豖亩”即“菼蠋卯”的对音。王之侯即搜。甚确。郑张尚芳(1996)认为“菼蠋卯”是无颛的谥号。我们认为不可信。“菼”可对“无”,“蠋”可对“颛”“端”,“卯”“亩”为词尾。“菼蠋卯”与“无端”“无颛”可以对音。“无端”“无颛”之“无”也是古越语常见的人名词头,如越君无睪、无强、闽越王无诸、吴王孙无土等。“王之侯”可能是“王子侯”之误,“侯”“搜”对音。“无颛”为夷名,“搜”“侯”为华名。

从上文所讨论的吴越人名来看,春秋时期吴越人名很少单名,多为带前加成分或后加成分的派生词。“句”“者(诸)”“姑”“不”“夫”“无”“朱”“州”“周”“余”“皮(颇)”“寺”等最为常见。周振鹤、游汝杰认为“句”“于”都是发语词,并没有实义,相当于现代吴语“阿”;“姑”和“诸”实为一字,属虚义,也是发语词,故可省略。“乌”“余”“夫”“无”亦为发语词(周振鹤、游汝杰1996)。李锦芳(1995a)认为百越人名中冠首字“无(毋)”“夫”是“王、首领”的意思,有时又作“孚、不、颇”;“朱”“诸”“周”为“官、头领”之义;“都”“多”是百越语言指人量词兼词头“个、位”;“祝”“烛”“鹿”“译”“余”是百越语“大”的不同记音用字;“句”“姑”“柯”“居”是百越人名、族名词头。这个词头在今百越后代语言中有所保留:毛南 ka^{6}、水 qa^{3}、仡佬 qa^{33}、印度尼西亚语 ka、高山族阿眉斯语 ka。郑张尚芳(1996)认为“夫”对泰文表尊崇的词头 braʔ,这个词头常加于帝王、王亲、神佛及御用事物前。“不寿”“不扬”之“不”古音 * pɯ,可能也是 braʔ 的轻读。“无”好像不是对君王而是对一般贵族公子、酋长、头人的称谓;“无”古音 * ma,对泰文 maʔ,那是较老的一个对男人的尊称,有如汉语以前称某君、某某老爷那样;“周”“寿”“朱”可对泰文 caux“君王、王子;首脑,长官;主人”;“于” * ʔ 相当于后来吴语“阿”;“鹿”相当于泰文 luuk“儿子”,为常见的表子爱称词头;“诸稽”“诸樊”“诸咎”之“诸”近于泰文 cah“首长”;“余昧”“余祭”之“余”可能对泰文 raa“男人、我俩”。

台湾高山族语言中的泰耶尔语,男人名字的前加成分有 ləkə-、mə-,ləkə-还表示家族。女人名字的前加成分为 ləmə-。邹语 eau-加在人名前表示爱称;排湾语前加成分 la-、sə-在表人名、民族名、地名的名词干前,构成名词,表示“某族人”或“某地人”。邹语后加成分-ana 加在名词干后,表示“宗族”“家支”,如 luhətu-ana“鲁赫都宗族”(陈康 1992)。

---

① 此从董珊(2011)说。

② 《史记索隐》云“王之侯即无余之也。”董珊(2014)认为王之侯即王子搜。

③ 此从董珊(2014)。

海南白沙黎族自治县地方志编委会编的《白沙县志·烈士英名录》下收录八个带“打”字的人名：“王打也、王打便、王打安、王打声、王打弯、王打理、王打吓、王打京”。“打”是“拍”的训读字。“拍”的海口方言音为 fa⁵⁵，和黎族称父为 pha³ 很相近。黎语 pha³，不只称父亲，还用来做称人的词头。海南人名“打”（即“拍”）和黎语词头 pha³ 的音义完全相合。黎语人名词头用“不”的最多。海南《临高县志》“革命烈士表”中以“不”为首的人名有 64 人。其中叫“不四”的 4 人、“不益”3 人、“不子”2 人，还有叫“不廉”“不宜”“不狗”“不善”“不家”，等等；《临高县志》90 岁以上寿星表中以“不”为首的人名有 36 人，都是女性，其中叫“不转”的 5 人、“不花”4 人、“不三”3 人，还有叫“不女”“不爱”“不香”“不生”，等等；儋州《儋县志》革命烈士名表中以“不”为首的名字有 78 人，如“不吉”（3 人），“不生”（2 人）、“不养”（2 人）、“不正”、“不兴”、“不善”、“不盛”、“不强”、“不道”、“不婶”，等等。这些人名都不能用汉语去解释。据张惠英（2002）调查，海南临高县至今仍有不少人，无论男女，小名都以“不”字为首。临高、儋州等地的人名首字“不”，和民族地区称谓词头、地名词头“布”、“咘”在用法、构词形式上都是相通、相类的。这个“不”字词头，大概与临高话称父的 ɓeʔ⁵⁵、称伯父的 ɓeʔ³³ 有关。据我们了解，今壮语称人为“布”“不”，称动物为“土”。“布”“不”表示“什么人”，如人名“不争”就是一个名叫“争”的人。

海南《临高县志》“革命烈士表”中有 89 个以“那”（读 nə）作人名首字的。“那”也是词头，表某种指示意义。“那”与泰语“纳”“乃”性质一样。泰语“纳”“乃”用作封号、人名，也相当于词头表指示，是表敬的人名词头。马来语“拿督”之“拿”表尊者之义，和泰国用作封号的“纳/乃”音义相合（张惠英 2002）。

这些都可为我们解析吴越人名中的词头提供参考。我们认为吴越人名中的词头并非如周振鹤、游汝杰所言皆为无意义的发语词，而是如台湾高山族语言和印度尼西亚语中的人名中的前加成分那样，表示人或宗族的意思。“夫”“不”“者”“无”也未必就是表君王。以“夫”为前加成分的人名如吴王夫差之弟夫槩、舒国甚六之妻夫欧申、大夫扶同、达斯于等就并非君王。以“无”为前加成分的如吴王孙无土、曾姬无恤、齐大夫无知、齐公子无亏也不是君主。前面我们提到的南海神名“不廷胡余”是古南岛语中的人名。“者”“姑”“余”“于”“孚”“夷”“句、区”“卑”等既可出现在词首，也可作词根，又可在词尾。如“者（词头）旨”“者（词根）儿”“鱄设诸、专诸（词根）”“孰梦诸（词尾）”，“余（词头）善”“余（词头）桥疑吾”“无余（词根）”“盖余（词尾）”，“州于（词根）”“于（词根）越”“于（词头）赐”“姑（词头）曹”“灵姑（词根）浮（词尾）”“孚（词头）错枝”“强鸠夷（词尾）”“夷（词头）昧”，“句（词首）余”“朱句（词根）”“寺句（词根）”①。吴国、越国特有的乐器句鑃之“句”也应该是个词头。“鑃”字从“金”，故应该是词根。“句卑”之“卑”为词根，而卑梁氏之“卑”则为词头吴国有边邑卑梁，吴楚有著名的卑梁之衅，见《史记·楚世家》：“初，吴之边邑卑梁，与楚边邑钟离小童争桑，两家交怒相攻，灭卑梁人。卑梁大夫怒，发邑兵攻钟离。楚王闻之怒，发国兵灭卑梁。吴王闻之大怒，亦发兵……”“卑梁”又见卑梁君光鼎。

总的看来，典籍和青铜器铭文中的吴越人名结构有六种：(1)单音节，如吴王光、僚，越王翁、翳；(2)双音节，无词头词尾，如阖闾、是埜；(3)双音节，词头＋词根式，如越王句践、吴君孰哉、吴王诸樊；(4)双音节，词根＋词尾式，如吴君毕轸、吴王余祭；(5)三音节，词头＋双音节词

① 吴王光女儿叔姬之名“寺吁”可证“寺区”。

根，如吴王孰梦诸、“𫓯此𨚕”、“姑义𫏐”；(6)三音节，词头＋词根＋词尾，如越王无余之、葵蠋卯。我们此前看到的四个音节、五个音节的人名是号＋名之后的结果，如“姑发者反”“者差其余”“大叡矣工𪊨”“者旨于赐”；(7)四音节或五音节，如自余(徐王旨后之孙)自称是“疋剔次䈞之元子”“乍𪊨夫呂之甥”，李家浩(2013：29—30)认为“疋剔次䈞”是器主人之父、“乍𪊨夫呂”是器主人的舅父。攻𪊨王姑发邴之子曹𩶬□僔员(见《文物》1998(6)，91)①。

由此可见，春秋时期的古越语依然是多音节的黏着语，还没有变成单音节的分析语，也不存在一个半音节的词。春秋时期吴越铜器铭文中两个音节国名、人名都难以用单音节的分析语来解释。

6. 从古越语到现代侗台语的语言类型转换及类型转换发生的时代

原始侗台语和原始侗台语的系属研究及构拟，为我们探索春秋时期的古越语提供了重要的线索。李锦芳(1995)认为春秋战国时期百越语言受华夏语的强烈冲击，正处于从黏着型向词根型转换的过渡阶段。而更多学者认为春秋时期的古越语已经是单音节的语言了。这从学者们对《越人歌》的释读可以看出来。韦庆稳、郑张尚芳、周流溪、吴安其等先生根据歌词构拟成出来的古壮语、古泰语、古代越族共同语、古侗台语都是带复辅音的单音节语言②。只有日本学者泉井久之助采用南岛语系下的马来—波利尼西亚语族的占语来解读③。这说明他已经意识到春秋时期的古越语仍然是多音节的黏着语。

近年来，随着我国学者对国内少数民族语言研究的不断深入，越来越多的中国学者主张原始侗台语跟南岛语一样是多音节的黏着语。这就存在语言类型转换的问题。陈保亚(1996)认为在语言联盟过程中，语言类型会发生重大变化，这就是所谓转型变化，形成越澳(南岛)之间的同源异构关系和汉越之间的异源同构关系。倪大白(2010)认为三亚回语是南岛语在汉语影响下，从黏着语变为词根语的活标本。“类型转换”这一现象的发现，解开了侗台语系属问题之谜。侗台语同样经历了从南岛语型变为汉语型的类型转换过程；倪先生(2010)进一步指出：“侗台语的许多复辅音是原始南岛语多音节词(主要是双音节词)紧缩、并合、变化的结果。”“其变化途径有：其一，以双音节为主的南岛语系诸语言在历史发展过程中，有一些同族语或方言，丢掉了语词中第一个音节的元音(或韵母)，于是两个音节合二为一，成为复辅音，同时产生了在重音基础上发展起来的区别意义的声调；其二，随着时间的迁流和地域的推移，复辅音声母又逐渐分化或简化，成为单辅音。此时声调又因声母的清浊，音节中韵尾的不同、脱落或整化而进一步分化，成为现在这个样了。这个过程，可以命名为‘语言的类型转换’。侗台语诸语言就是由南岛语经过‘类型转换’的过程而逐渐形成的”；罗美珍(2007：

---

① 此从李家浩(2007)释。

② 韦庆稳(1981)将《越人歌》歌词与古壮语作对照。韦先生构拟的古壮语是复辅音的单音节；郑张尚芳(2012)是将《越人歌》的歌词与书面泰文相对照。郑张先生构拟的泰文也是有复辅音的单音节；周流溪(1993)在文中明确说明其研究的基础是建立在这样一个假定之上的，即他假定古越语是以单音节为主的语言；吴安其(2008)认为古越语很可能是一种古侗台语。

③ 许友年(1983)从族属渊源、语言、马来民歌三个角度进行分析研究，认为泉井久之助的尝试很有意义，借助古占语和古马来语就有可能读懂《越人歌》的越语原文。

22—64)认为侗—泰人和南洋群岛人都是亚洲大陆上蒙古人种南支发展的原始马来人。他们是我国远古时期居住于东南沿海的"东夷",周以后被称为"百越"。操侗—泰语的先民原先使用的是一种多音节黏着型的原始马来语言。后来留在大陆(包括从陆路迁徙到东南亚)的百越人,因长期受到华夏人的强大影响,语言和汉藏语一样向单音节化演变,成了分析语型。而南洋群岛的马来语因受汉—藏语言影响小,现今还保留多音节的黏着型。侗—泰语的语音演变规律和汉—藏语言相同;不少基本词汇和汉—藏语言构成对应;语法结构和汉语一样,虚词和语序是表达语法意义的主要手段,不少表达语法意义的虚词和汉语构成对应。这些都说明侗—泰语言的结构早已发生质变,应该归入到汉—藏语系。

然而,倪大白、罗美珍、陈保亚诸先生都没有明确指出侗台语发生语言结构转换的时间。邓晓华(1993)指出:"公元前5000年至公元前3000年,台湾海峡及整个南中国海岸仍是操原南岛语。在公元前3000年左右,龙山形成期的文化很有力地波动到东南海岸,这个文化与汉藏语关系密切。于是旧的南岛文化或继续生存,如台湾西海岸文化,或接受了龙山形成期强烈的文化影响而形成新的文化。这种文化影响和转换,很大程度上反映在语言类型上的变化,导致南岛语最后完全在中国东南大陆消失。"邓晓华(2011)进一步指出:"百越—南岛集团形成于约4000B.P.,其主要地域为中国东南部。秦汉帝国统治后,南岛集团退出中国大陆。"

从典籍资料来看,一直到西汉时期的古越语仍为多音节的黏着语。《世本·居篇》注:"吴蛮夷言多发声,数语共成一言"。所谓"数语共成一言"就是好几个音节才表达一个意义。《尔雅·释地》:"吴越之间有具区。"《汉书·严助列传》:"陛下以四海为境,九州岛为家,八薮为囿,江汉为池。"颜师古注曰:"八薮,谓鲁有大野,晋有大陆,秦有杨污,宋有孟诸,楚有云梦,吴越之间有具区,齐有海隅,郑有圃田。""具区"即太湖的古越语名,是个叠韵连绵词;又如,《汉书》《史记》《国语》《吴越春秋》《战国策》都记载一个越语词"鸱夷"。《史记·伍子胥列传》:"吴王闻之大怒,乃取子胥尸,盛以鸱夷革,浮之江中。"裴骃《史记索隐》引应劭曰:"取马革为鸱夷。鸱夷,榼形。"《国语·吴语》:"乃使取申胥之尸,盛以鸱夷,而投之于江。"韦昭注:"鸱夷,革囊。"《战国策》:"昔者五子胥说听乎阖闾,故吴王远迹至于郢。夫差弗是也,赐之鸱夷而浮之江。"高诱注:"鲍本鸱夷,榼名。马革为其形,以敛骸骨。正曰:'史,乃取子胥尸,盛以鸱夷革。'应劭云:'取马革为鸱夷榼形。'"由此看来,"鸱夷"是用马革做的皮囊。《史记》作"鸱夷革","革"当为衍文。《索隐》"榼形"亦误,当如高诱注"榼名"。"鸱夷"是个叠韵连绵词;杨雄《方言》卷七:"煦煅,热也,干也。吴越曰煦煅。""煦煅"是个双声连绵词;卷七又曰:"怜职,爱也。言相爱怜者,吴越之间谓之怜职。""怜职"既非双声,亦非叠韵;又《方言》卷二:"荆扬之间凡言广大者谓之恒慨,东瓯之间谓之蔘绥(东瓯亦越地,今临海永宁是也),或谓之羞绎纷母。""羞绎纷母"有四个音节。

覃小航(2009:99—102)据清代《柳州府志》指出在清代或清代以前,柳州地区的壮语方言土语曾经存在复辅音pl-。这也就是说,至迟在清代,侗台语已经是单音节的语音,已经不是多音节的黏着语了。

7. 结　语

由于现代南岛语仍为多音节的黏着语,因此学界一直认为原始南岛语亦为多音节的黏着语。然而原始侗台语是多音节的黏着语还是单音节的分析语,学界尚有争议。导致争议的最重要的原因是因为学者构拟原始侗台语都是以现代侗台语为语料，采用历史比较语言学的方法进行构拟，缺乏文献证据。本文所论的春秋时期吴越青铜器上的国名和人名资料，可为原始侗台语和原始南岛语的构拟提供历史文献上的证据。

倪太白(2010:83、115—130)以现代三亚回语从黏着语变为词根语为例，推测侗台语也发生过语言类型的转变。证据稍嫌迂曲。而从多音节的古越语到单音节现代侗台语的语言类型转变不仅有文献证据，还有民族学、考古学、文化学和分子人类学方面的研究可以为证。

参考文献

陈保亚.论语言接触与语言联盟[M].北京:语文出版社,1996.

陈保亚.侗台语和南亚语的语源关系——兼说古代越、濮的族源关系[J].云南民族学院学报,1997(1).

陈保亚.核心词原则和澳越语的谱系树分类[J].云南民族学院学报,2002(1).

陈剑.释西周金文的“䜌(赣)”字[A]//陈剑.甲骨金文考释论集.北京:线装书局,2007. 8—19.

陈康.台湾高山族语言[M].北京:中央民族学院出版社,1992.

陈梦家.寿县蔡侯墓铜器[J].考古学报,1956(2).

陈斯鹏.吴王阖庐剑小考[OL].复旦大学出土文献与古文字研究网站 http://www.gwz.fudan.edu.cn/SrcShow.asp? Src_ID=1775, 2012-1-15.

曹锦炎.越王钟补释[A]//魏桥.国际百越文化研究.北京:中国社会科学出版社,1994.

曹锦炎.吴越历史与考古论丛[C].北京:文物出版社,2007.

邓晓华.从语言推论壮侗语族与南岛语系的史前文化关系——谨以此文悼念恩师严学宭教授[J].语言研究,1992(1).

邓晓华.人类文化语言学[M].厦门:厦门大学出版社,1993.

邓晓华,邓晓玲.论壮侗语和南岛语的发生学关系[J].语言研究,2011(4).

董楚平.吴越文化新探[M].杭州:浙江人民出版社,1988.

董楚平.“王子玫戈”“配儿钩鑃”“臧孙钟”人名汇考[A]//魏桥.国际百越文化研究.北京:中国社会科学出版社,1994.

董珊.越王差徐戈考[J].故宫博物院院刊,2008(4).

董珊.读吴王寿梦之子剑铭的补充意见和推测[OL].复旦大学出土文献与古文字研究中心网站 http://www.gwz.fudan.edu.cn/SrcShow.asp? Src_ID=319, 2008-1-20.

董珊.新出吴王余祭剑铭考释[OL].复旦大学出土文献与古文字研究中心网站 http://www.gwz.fudan.edu.cn/SrcShow.asp? Src_ID=784, 2009-5-10.

董珊.吴王者彶虘虘考[OL].复旦大学出土文献与古文字研究中心网站 http://www.gwz.fudan.edu.cn/SrcShow.asp? Src_ID=928, 2009-10-2.

董珊.记古越阁藏者差其余剑[OL].复旦大学出土文献与古文字研究中心网站 http://www.gwz.fudan.edu.cn/SrcShow.asp? Src_ID=1391, 2011-1-31.

董珊.吴越题铭研究[M].北京:科学出版社,2014.

冯蒸.“攻吴”与“句吴”释音[A]//中国社会科学院语言研究所古代汉语研究室.古汉语研究论文集(二).北京:北京出版社,1984.

冯时.工䱷大戱鐱铭文考[J].古文字研究(第22辑).北京:中华书局,2000.

顾颉刚.楚、吴、越之名、号、谥[A]//顾颉刚.史林杂识初编.北京:中华书局,1963.

何大安，杨秀芳.南岛语与台湾南岛语[M].台北：远流出版有限公司，2000.
何琳仪.战国文字通论（订补）[M].南京：江苏教育出版社，2003.
黄颖，李辉，高蒙河.古代基因：百越族群研究新证[J].东南考古研究，2003(3).
金力，李辉，文波 2002《Origin and Migrations of Daic-speaking Populations: A Tale of Chromosomes》, the 4th HUGO Pacific Meeting and the 5th Asia-Pacific Conference on Human Genetics, Cholburi, Thailand, Oct. 27—30.
李方桂.李方桂全集·比较台语手册[M].丁邦新译.北京：清华大学出版社，2011a.
李方桂.李方桂全集·侗台语论文集[M].丁邦新译.北京：清华大学出版社，2011b.
李辉.百越族群遗传结构分析的初步思路[A]//现代人类学国际研讨会论文集.上海，复旦大学，2002.
李辉.侗台语与南岛语同源[A]//现代人类学通讯(第5卷).2011.
李家浩.虞王光趄戈与攻五王光韩剑[A]//古文字研究(第17辑).北京：中华书局，1989.
李家浩.楚国官印考释(四篇)[A]//著名中年语言学家自选集·李家浩卷.合肥：安徽教育出版社，2002a.
李家浩.攻敔光剑铭文考释[A]//著名中年语言学家自选集·李家浩卷.合肥：安徽教育出版社，2002b.
李家浩.谈工虞大矢铍铭文的释读[A]//古文字研究(第26辑).北京：中华书局，2006.
李家浩.攻敔王姑义雒剑铭文及其所反映的历史[A].古文字与古代史(第一辑)[C].台北："中研院"历史语言研究所，2007.
李家浩.攻敔王者彶叡虏剑与者减钟[A]//古文字与古代史(第三辑).台北："中研院"历史语言研究所，2012.
李家浩.夫欧申鼎、自余钟与郘子受钟铭文研究[A]//安徽大学汉语言文字研究丛书·李家浩卷.合肥：北京师范大学出版集团·安徽大学出版社，2013.
李家和、杨巨源、刘诗中.湖熟文化与江西万年类型文化——谈吴越文化[J].东南文化，1990(5).
李锦芳.百越族系人名释要[J].民族研究，1995a(3).
李锦芳.百越地名及其文化蕴意[J].中央民族大学学报，1995b(1).
李锦芳.越称"瓯"、"僚"解[J].民族论坛，1996(4).
李学勤.宜侯夨簋与吴国[J].文物，1985(7).
李学勤.试论夫差短剑[A]//李学勤.中国古代文明研究.上海：华东师范大学出版社，2005.
梁敏，张均如.侗台语族概论[M].北京：中国社会科学出版社，1996.
林惠祥.中国东南区新石器时代文化特征之一：有段石锛[J].考古学报，1958(3).
林澐.越王者旨于赐考[J].考古，1963(8).
刘雨.近出殷周金文综述[J].古文字研究，2002(24).
罗美珍.罗美珍自选集[C].北京：民族出版社，2007.
马承源.关于翏生盨和者减钟的几点意见[J].考古，1979(1).
马承源.商周铜器铭文选(四)[M].北京：文物出版社，1990.
蒙斯牧.奥泰语发展的三个历史阶段——印度尼西亚语、雷德语和回辉语[J].语言研究，1992(1).
倪大白.侗台语概论[M].北京：民族出版社，2010.
潘悟云.汉语历史音韵学[M].上海：上海教育出版社，2000.
彭明翰.太伯奔吴新考[J].殷都学刊，1999(3).
覃小航.侗台语语源探索[M].北京：民族出版社，2009.
泉井久之助著、许罗莎译.关于刘向《说苑》第十一卷中的越歌[J].外国语言与文学 1983(1).
饶惠元.清江遗址的文化分析[J].考古学报，1959(3).
任伟.西周封国考疑[M].北京：社会科学文献出版社，2004.
沙平.印度尼西亚语语法研究[M].北京：人民出版社，1951.

商承祚.王子孜戈考及其他[J].学术研究,1962(3).
商承祚."姑发䦚反"即吴王"诸樊"别议[J].中山大学学报,1963(3).
沈融.吴越系统青铜矛研究[J].华夏考古,2007(1).
施谢捷.吴越文字汇编[M].南京:江苏教育出版社,1998.
谭步云.释"柷敔"[A]//古文字研究(第26辑).北京:中华书局,2006.
唐兰.石鼓年代考[J].故宫博物院院刊,1958(1).
田宜超.释鉌[J].江汉考古,1984(3).
王人聪.江陵出土吴王夫差矛新释[J].文物,1991(12).
韦庆稳.越人歌与壮语的关系试释[A]//民族语文论集.北京:中国社会科学出版社,1981.
吴安其.汉藏语同源问题研究[J].民族语文,1996(2).
吴安其.汉藏语历史比较的择词[J].民族语文,1997(3).
吴安其.侗台语语音的历史演变[J].语言研究,1998(4).
吴安其.汉藏语同源研究[M].北京:中央民族大学出版,2002.
吴安其.侗台语中的南岛语词[J].南开语言学刊,2004(2).
吴安其.南岛语的创新与分类[J].语言研究,2006(3).
吴安其.《越人歌》的解读[J].南开语言学刊,2008(2).
吴安其.侗台语的发生学关系[J].语言研究,2009(4).
吴春明.百越先民与南岛语族关系研究中的中西对话[A]//费君清.中国传统文化与越文化研究.北京:人民出版社,2004.
吴汝祚.有关"湖熟文化"的几个问题[J].考古,1962(1).
吴镇烽.记新发现的两把吴王剑[J].江汉考古,2009(3).
夏渌,傅天佑.说鍂——吴王夫差矛铭文考释[J].语言研究,1986(1).
邢公畹.汉台语比较手册[M].北京:商务印书馆,1999.
邢公畹.邢公畹语言学论文集[M].北京:商务印书馆,2000.
邢凯.原始侗水语构拟中的前置辅音假说[J].民族语文,1995(5).
许友年.试论《越人歌》的原文和译文[J].福建师范大学学报,1983(1).
徐南洲,徐晓晴.试论巴、越关系[J].重庆师范学院学报,2001(3).
叶玉英.释"虡""虘"兼谈春秋时期吴国国名[A]//古文字研究(第30辑).北京:中华书局,2014.
殷伟仁.吴国国名的文化意蕴[J].学术研究,1994(2).
咏章.释吴王夫差矛铭文中的器名之字[J].江汉考古,1987(4).
游汝杰.中国语言系属研究述评[J].云梦学刊,1996(3).
袁进.吴城文化属句吴说[J].南方文物,1993(2).
臧振华.从"Polynesian origins: Insights from the Y chromosome"一文谈南岛民族的起源与扩散问题[J]. Language and Linguistics 2, 2001.
曾宪通.吴王钟铭考释——薛氏〈款识〉商钟四新解[A]//古文字研究(第17辑).北京:中华书局,1989.
曾昭燏,尹焕章.试论湖熟文化[J].考古学报,1959(4).
张惠英.语言与姓名文化——东亚人名地名族名探源[M].北京:中国社会科学出版社,2002.
张敏.吴王余眛墓的发现及其意义[J].东南文化,1988(3.4).
张敏.有虞与勾吴[J].江海学刊,1995(4).
张敏,韩明芳.虞舜南巡狩与勾吴的发端[J].南京大学学报,1999(3).
张志鹏.吴越史新探[D].郑州:河南大学.2012.
郑张尚芳.古越语地名人名解义[J].温州师范学院学报,1996(4).

郑张尚芳.上古音系[M].上海：上海教育出版社，2003.

郑张尚芳.汉语与亲属语同源根词及附缀成分比较上的择对问题[A].汉语的祖先[C].北京：中华书局，2005.

郑张尚芳.华澳语言的“子”“婿”与汉语的对当词根[J].民族语文，2012a(4).

郑张尚芳.郑张尚芳语言学论文集(下)[C].北京：中华书局，2012b.

周流溪.《越人歌》解读研究[J].外语教学与研究，1993(3).

周振鹤，游汝杰.古越语地名初探——兼与周生春同志商榷[J].复旦学报，1980(4).

周亚.越王剑铭与越王世系——简论越王丌北古剑和越王不光剑的断代问题[A].古文字与古代史[C].台北：“中研院”历史语言学研究所，2009.

朱泓.中国南方地区的古代种族[J].吉林大学学报，2002(3).

朱俊明.释“瓯”[A].魏桥.国际百越文化研究[C].北京：中国社会科学出版社，1992.

Paul. K. Benedict. 1944 “Thai, Kadai and Indon. sian: A new Alignment in Southeastern Asia 台语、加岱语和印度尼西亚语东南亚的一个新联盟”，American Anthropologist 4.

Laurent Sagart 1993 ‘Chinese and Austronesian: evidence for a genetic relationship, Journal of Chinese Linguistics 21.

Laurent Sagart 1994 ‘Proto-Austronesian and Old Chinese Evidence For Sino-Austronesian, Oceanic Linguistics, Dec 1. 33,2.

Paul. K. Benedict. 1966—1967 Austro-Thai Studies. Behavior Science Notes, 1966.4—1967.3.

Robert A. Blust 1993 ‘Proto-Austronesian Addenda’, Oceanic Linguistics, Winter 1Sagart Laurent ‘Chinese and Austronesian: evidence for a genetic relationship, Journal of Chinese Linguistics 21.

Su B, Jin L, Underhill P, Martinson J, Saha N, McGarvey S T, Shriver M D, Chu J, Oefner P, Chakraborty R, Deka R. 2000 Polynesian origins: Insights from the Y chromosome. Proceedings of National Academy of Sciences of the U.S. A., 2000, 97:8225—8228.

河北武邑方言的“咾”*

山西师范大学　张晓静

内容提要　武邑位于河北省东南部，隶属衡水市，武邑方言属于冀鲁官话石济片赵深小片①。该方言的“咾[lau^0]”②可以用作：a.结果补语，b.动相补语，c.实现体标记，d.能性述补标记。文章详细描写这些用法，并探讨它们之间的发展演变关系。

关键词　武邑方言；“咾”；用法；演变关系

引　言

柯理斯（1995，2001，2003）分三篇文章研究了山西、山东、河北等方言中用法复杂的“了”。文章认为，“拿不了走”“V 了 L”一类格式中的“了”为虚补语（相当于动相补语）；“VC 了”中的“了”为表可能的动词词尾（相当于能性述补标记），并考察了完成貌词尾“了（相当于普通话的“$了_1$”）”与表可能的动词词尾“了”以及虚补语“了”的关系。她认为先是表完成结果的动词“了”虚化为虚补语的“了”，而后再由虚补语的“了”分别虚化为表可能的动词词尾“了”和完成貌词尾的“了”。武邑方言中的“咾”与柯理斯讨论的“了”是平行成分。文章仔细描写武邑方言“咾”的用法，重新探讨“咾”的各种用法之间的发展演变关系，对柯理斯的分析进行验证并加以补正。③

1. “咾”的用法

1.1　结果补语用法的“咾”，我们记为“$咾_1$[lau^0]”

结果补语用法的“咾”，表示动作的结果，还保留着很强的动词性，由动词“了[$liau^{45}$]”虚化而来，具体分析见下文。带结果补语“咾”的动词所表示的动作一般是可持续的。这种用法的“咾”已不多见。如：

---

*　基金项目：国家社科基金青年项目“河北冀鲁官话语法研究”（项目编号：18CYY014）。
作者简介：张晓静（1984—　），女，河北衡水人，山西师范大学讲师，学位：博士，研究方向：汉语方言。

①　钱曾怡.汉语官话方言研究[M].济南：齐鲁书社，2010.

②　武邑话的“咾”对应于普通话的“了”，只是普通话的“了”无能性述补标记用法。武邑能性述补标记的“咾”对应于其他方言中的“溜、喽、佬、唠、了、嚠”等。

③　文章语料来源一部分是实地调查，一部分作者的自省（作者母语是武邑话）。

(1) 我刚把锅刷咾,你就用(我刚把锅刷完,你就用)。

(2) 借的东西儿,用咾赶紧还给人家(借的东西,用完赶紧还给人家)。

(3) 我刚把地墩咾,你就往上踩(我刚把地墩完,你就往上踩)。

(4) 把你剩下的苹果吃咾再走(把你剩的苹果吃完再走)。

1.2　动相补语用法的“咾”,我们记为“咾$_2$[lau^0]”

动相补语(phase complement),是由赵元任(1970)最早提出的:“有少数几个补语是表示动词中的动作的‘相’而不是表示动作的结果的”。(转引自吴福祥 1998)指的是用在动词后意义较虚、较含混的补语性成分,由结果/趋向补语虚化而来(结果/趋向补语由动词虚化而来),其进一步虚化或语法化就成了完成体助词。①即动词＞结果/趋向补语＞动相补语＞完成体助词。

武邑方言的动相补语“咾”除了和能性述补标记“咾”连用时,因叠音的关系省略外,一般不能省掉,可以弱化为D变韵②的形式。它所在句法格式中的动词一般都是表示动作或言语行为的,且其句法格式一般都有相应的可能式“V+不了+(O/L)+走/来/去”(其中“不”表可能,括号中的成分表示可有可无,括号中的“O”表宾语,“L”表处所成分,“/”表示或者,下同),如:骂不了(他)走(没能把他骂走)。扔不了坑里去(没能扔到坑里去);否定式“没/别+V+咾+(O/L)+来/去/走”,如:没/别骂咾(他)走(没/别把他骂走)。没/别扔咾坑里去(没/别扔到坑里去)。另外,需要注意的是“走”在武邑话中是主观趋向成分,表示“离开说话者所在的地方”,和冀州话中一样,见柯理斯(2001)。

1. 格式一:V+咾+L+(来/去)。可能式“V+不了+L+(来/去)”,否定式“没/别+V+咾+L+(来/去)”。此格式中若有趋向补语成分,一般只能是“来”和“去”,不能是“走”。且此格式常用在命令句中,表未然事件。如:

(5) 关咾他家里!(把他关到家里)

(6) 把球扔咾它坑里去!(把球扔到坑里去吧)

(7) 爬咾树上来!(爬到树上来)

若表已然事件,句末要加相当于普通话“了$_2$”的“嗹”。如:关咾他家里嗹(把他关到家里了)。把球儿扔咾坑里去嗹(把球扔到坑里去了)。爬咾树上来嗹(爬到树上来了)。

说明:此格式中的“咾”貌似可对译为普通话中引介处所的介词,如“到/在”等。但实际上并不是介词,因为“V咾L”格式里,“咾”所在的句法位置只能出现“咾”,不能出现“在”、“到”等;它相应的可能式是“V+不了+L+(来/去)”,而不是“V不到+L+(来/去)”;“V咾L”只能表示动态事件,不能表示静止的状态;出现在“V咾L”和“Pr(介词,如“在/到”)LV”两种格式中的成分“咾”和“Pr”不发生交叉。具体分析,见柯理斯(2003)。

2. 格式二:V+咾+来/走/去。可能式“V+不了+来/走/去”,否定式“没+V+咾+来/走/去”。注意:能进入这个句法槽的只有“走/来/去”三个主观趋向成分。如:

---

① 吴福祥.重谈“动+了+宾”格式的来源和完成体助词“了”的产生[J].中国语文,1998(6).

② D变韵实质上是一种表现为音系现象的语法形式,其语法意义跨越句法与词法的范畴,其本质是一系列黏附的语素与前一音节有规律地合音,转化为前一音节的一种韵母变体,实质上是一种语素音位现象。

(8) 你拿咾去哩办?(你拿去了吗)

(9) 他搬咾走哩办?(他搬走了吗)

(10) 他叫咾来哩办?(他叫来了吗)

3. 格式三:介宾+V+咾+走/来/去。可能式“V+不了+O+来/走/去”,否定式“没+V+咾+O+来/走/去”。“格式三”是“格式二”带有定宾语时常用的句法格式。如:

(11) 能把他骗咾去也行。(能把他骗去也行)

(12) 把书拿咾来就行。(能把书拿来就行)

(13) 弄乜王八羔子撵咾走嗹。(把那王八羔子撵走了)

4. 格式四:V+咾+O+走/来/去。可能式“V+不了+O+来/走/去”,否定式“没+V+咾+O+来/走/去”。当“格式二”带有定宾语时,还可以选用此格式。如:

(14) 捆咾乜个缺德玩意儿来/去/走!(把那个缺德玩意儿捆来/走/去)

(15) 我就是骂,也得骂咾他去/来/走。(我就是骂,也得把他骂去/来/走)

(16) 你糊弄咾他来/去/走就行。(你骗他来/去/走就行)

5. 格式五:V+咾+走/来/去+(咾)+O。①可能式“V+不了+O+走/来/去”,否定式“没+V+咾+O+走/来/去”。当“格式二”带数量宾语时,还可以选用此格式。

(17) 飞咾来(咾)一个大雀儿。(飞来了一只麻雀)

(18) 刚跑咾走一个小狗儿。(刚跑了走一个小狗儿)

(19) 我给他买咾去(咾)一箱点心。(我给他买了一箱点心去)

由上,武邑话中动相补语“咾”的句法分布环境可以表述为动词和处所成分之间,如“V+咾+L+(来/去);动词和趋向成分“来/去/走”之间(若动词和“来/去/走”之间有宾语,则宾语位于“咾”之后或用介词提到动词之前):如“V+咾+(O)+走/来/去”、“介宾+V+咾+走/来/去”和“V+咾+走/来/去+(咾)+O”。值得注意的是,上面例子中的趋向成分都具有主观性,意义较虚。

另外,除了“动词+趋向成分”、“动词+处所成分”等结构中有动相补语“咾”外,部分动宾结构中也有,比如“他病好嗹,吃咾饭咾嗹(他病好了,吃得了饭了)。”之类,句中第一个“咾”即是动相补语,对应于普通话的补语“了”;第二个“咾”是能性述补标记,对应于普通话的“得”。我们放在可能式中去介绍,②见下文。

1.3 动态助词“咾”,对应于普通话的“了$_1$”,为实现体标记。我们记为“咾$_3$[lau^0]”

用在谓词性成分后,表示动作的完成或状态的实现,对应于普通话的“了 1”。以下是“咾 3”的分布语境。

1. 用于事件或状态完全实现的语境。

(20) 五点,俺就吃咾黑下饭嗹。(五点的时候,我就吃了晚饭饭了)(建议用本字)

(21) 坏咾的就不要嗹。(坏了的就不要了)

---

① 格式五中第一个“咾”为动相补语,括号中的“咾”为实现体标记,相当于普通话的“了$_1$”。

② 部分动补结构如“这活儿我干咾”中动相补语“咾”由于和能性述补标记“咾”叠音而省掉了,也放在可能式中去介绍。

2. 用于事件或状态不完全完成或实现的语境。

(22) 壶里的水才开咾,还不能喝哩。(壶里的水才刚有点儿开,还不能喝呢)

(23) 壶里乜水才热咾,还不能喝哩。(壶里的水才刚有点儿热,还不能喝呢)

3. 用于未然语境

Ⅰ 祈使句

(24) 快吃咾办,省得坏咾。(快吃了吧,省得坏了)

(25) 别挖得忒深咾!(别挖得太深了)

(26) 别摔咾碗!(别摔了碗)

(27) 星期三咾再说(星期三再说)

Ⅱ 用于条件句中,在满足某种条件下事件或状态才实现或完成。

a 惯常条件

(28) 家来咾他就写作业。(回到家他就写作业)

(29) 下D班儿咾她就看电视。(下了班儿她就看电视)

b 假设条件

(30) 没水咾,人就不能活着嗹。(若没有了水,人就不能活着了)

(31) 人少咾,咱邹开不起来嗹。(人若少了,我们就开不起了)

从例子后面相应的普通话说法中可以看出来,相比武邑话,普通话的"了$_1$"一般不用于事件或状态不完全完成或实现的语境;也不用于假设条件小句的末尾;即使惯常条件的紧缩句中使用"了",很多时候也与武邑话不同。

1.4 表可能的"咾",用于未然语境中,表示动作的可能完成或状态的可能实现,为能性述补标记。我们记为"咾$_4$[lau^0]"

1. 一般可能式

格式一:"V+咾"

(32) 这篮子菜我拿咾。(这篮子菜我拿得了)

(33) 这活儿我干咾。(这活儿我干得了)

(34) 我今天没事儿,来咾。(我今天没事儿,来得了)

格式二:"V+C+咾"

(35) 这篮子菜我拿动咾。(这篮子菜我拿得动)

(36) 五天哩,麦子割完咾。(五天呢,割得完)

(37) 这么大的雨,下透咾。(这么大的雨,下得透)

格式三:"V+C+O+咾"

(38) 明天星期天,我看完这本小说咾。(明天星期天,我看得完这本小说)

(39) 他乜么壮实,打过我咾。(他那么壮,打得过我)

(40) 他搬动乜块儿石头咾。(他搬得动那块儿石头)

格式四:"V+咾+O+咾"

(41) 水深,没咾人咾。(水深,能把人淹没了)

(42) 他病好嗹,走咾/D① 道儿咾嗹。(他病好了,能走道儿了)

---

① 表示D变韵和"V咾"两种说法均可。

(43) 他做咾/D饭咾。(他做得了饭)

格式五:V+咾+来/走/去+咾

(44) 我拿咾去咾。(我拿得去)

(45) 他搬咾走咾。(他搬得走)

(46) 他叫咾来咾(他叫得来)

格式六:V+咾+L+(去/来)咾

(47) 他放咾上边儿去咾。(他放得上去)

(48) 他弄牛拴咾树上咾。(他能把牛拴到树上去)

(49) 他爬咾树上来咾。(他能爬到树上来)

格式七:“能+格式一”、“能+格式二”、“能+格式三”、“能+格式四”、“能+格式五”,“能+格式六”即上面的例子谓语动词前还都可以再加“能”,表示双重可能义,如:

(50) 我能拿动这菜篮子咾。(我能拿动这菜篮子)

(51) 这水深,能没咾人咾。(水深,没得了人)

(52) 他能爬咾树上来咾。(他能爬到树上来)

说明:格式二比格式一中多了个补语。这说明补语有时出现,有时候隐去。那么补语隐现的规律是什么呢?

我们发现武邑话中的补语能够对应于普通话中的补语“了”的,就可以隐去;只能对应于普通话补语“了”的,必须隐去;反之,不能对应于普通话补语“了”的,必须出现。比如例(32)可以对应于普通话的补语“了”,又可以对应于普通话的其他补语,所以在格式一和格式二中都出现,即补语可以隐现。而例(33)(34)只能对应于普通话的补语“了”,所以补语必须隐去。我们认为隐去的是动相补语“咾”,因为武邑话中“他病好嗹,饭吃咾嗹。(他病好了,吃得了饭了)|星期三,这事儿就了咾。(星期三,这事儿就能了结)”偶尔还有“他病好嗹,饭吃咾咾嗹。|星期三这事儿就了咾咾”的说法。[①]隐去的原因是动相补语“咾”和能性述补标记“咾”叠音。这和朱德熙(1982:133)分析普通话的“V得”结构道理是一样的。朱德熙认为普通话的“V得”是动词加上补语性的“得”,是由“V得得”由于叠音省略了助词“得”而来的,就如“看得见”省略成了“看见”。再如例(36)(37)不能对应于普通话的补语“了”,所以补语必须出现。若隐去补语,句子就有歧义或者不成立了。比如“五天哩,麦子割咾。”意义为“还有五天呢,麦子肯定能熟透,到时候能割。/还有五天呢,麦子能割完。”而“*这么大的雨,下咾。”根本就不成话。

格式三和格式四均是格式二带宾语的形式。不同之处在于格式四的补语“咾”对应于普通话的补语“了”,而格式三则不能对应。值得注意的是格式四、格式五、格式六中第一个“咾”对应于普通话的补语“了”,第二个“咾”是能性述补标记。只不过格式四是动宾结构,格式五是动趋结构,格式六是“动词+处所成分+(来/去)”结构。

格式七是谓语动词前又加了一个表可能的能愿动词“能”,表示双重可能义。即武邑话的能性述补结构一般都可以再在谓语动词前加个表可能的能愿动词“能”,构成双重可能式。相比一般可能式,双重可能式的可能义更加显豁。

---

① 另外,兄弟方言如昌黎等,补语的“了”和表可能的“嘞”不同音。所以还存在没有脱漏补语的说法,如“你们来了来不了?我没事儿,来了嘞。”也可作为证据,支持我们叠音脱漏的说法。

另外，武邑话的可能式也可以直接在动词前加表可能义的能愿动词“能”，而不必再加能性述补标记“咾”，这是另外的问题，跟本文的讨论无关，此不赘述。

2. 特殊可能式：“V + 得 + 咾”和“V + 着 + 咾”。

武邑话中还有两种专门表达认识情态和义务情态的特殊可能式，分别是“V + 得 + 咾”和“V + 着 + 咾”。

格式一：“V + 得 + 咾”，表认识情态，表示因受事者性能上允许不允许某种动作。

(53) 西瓜熟嗹，吃得咾。(西瓜熟了，能吃)

(54) 这种布买得咾(这种布可以买)

格式二：“V + 着 + 咾”，表义务情态，表示受事者按照某种价值判断允许不允许某种动作。

(55) 这布合着咾俺就买，合不着俺就不买。(这布买着合算就买，不合算就不买)

(56) 他的礼咱收着咾，先前咱也给他送礼嗹。(他的礼咱能收，以前咱也给他送礼了)

(57) 俺的姨，俺管着咾。(我姨，我有理由照顾她)

这两种可能式中的补语性成分只有“得”和“着”，不像前面可能式中的补语性成分那么丰富具体，且“得”和“着”意义较含混，应为动相补语，但二者分工明确，一般不会混淆。①另外，这两种可能式的前面也不能加上“能”构成双重可能式。

(1) 格式一的其他具体特点

肯定式		否定式
武邑话≠普通话		武邑话 = 普通话
V 得咾	V 得	V 不得
(58) 这事儿我主得咾	这事儿我主得	这事儿我主不得
(59) 这瓜吃得咾	这瓜吃得	这瓜吃不得
(60) 麦子割得咾	麦子割得	麦子割不得

上文提到普通话的“V 得”是动词加上补语性的“得”，是由“V 得得”由于叠音省略了助词“得”而来的。这种可能式中表可能的述补标记“咾”和补语“得”不同音，所以不会被省掉。

而格式一的反问式中，能性述补标记“咾”可有可无，若“咾”不出现，则“得”和“啊”合音成[tia45]，如：

武邑话	普通话
这事儿我主得(咾)啊！	这事儿我哪里做得了主？
这瓜吃得(咾)啊！	这瓜哪里吃得了？
麦子割得(咾)啊！	麦子哪里割得了？

这是因为说话人认定了不能做某事，所以直接用肯定式的反诘语气来表达否定义。上述肯定式中的能性述补标记“咾”虽然对应于普通话的能性述补标记“得”，而补语“得”对应于普

---

① 两种可能式的肯定式、否定式、疑问式基本平行，说是基本平行是因为当用于按照价值判断是否允许某种动作行为时，文中画曲线的例子还能说成：

这瓜吃着咾啊？这么小。(这瓜够吃吗/能吃吗？这么小)

麦子割着咾啊？这么少。

另外，“他那话儿听得咾(他的话值得听)”。应该是按着说话人的价值判断来确定“他”说话的水平的，按说应用“V 着咾”，却用了“V 得咾”。例外可能还有，但与本文讨论的问题无关，不再赘述。

通话的补语“了”。但说话人把武邑话的补语“得”错配为普通话的能性述补标记“得”，而把武邑话的能性述补标记“咾”错配为普通话的补语“了”。说话人能产生这种错配的根本原因，可能是“得”本来就是武邑方言中表可能的助词，①只不过“咾$_4$”产生后排挤掉了“得”。本来可以表可能的“V 得”中的“得”又被重新分析成补语了，还得再加上一个表可能义的“咾$_4$”，才能形成可能式。但此时的“得”意义很虚，很含混，近似于零形式。再加上普通话的影响——普通话中“得”还是表可能义的助词，说话人产生这种错配就更自然了。因此，上述反问式中的“咾”也可以省掉。

但在中性问中，没有产生错配的条件，所以“咾”不能省去。如：

武邑话	普通话
这事儿你主得咾办?	这事儿你做得了主吗?
这瓜吃得咾办?	这瓜能吃吗?
麦子割得咾办?	麦子能割了吗?

(2) 格式二的其他具体特点

肯定式		否定式
武邑话≠普通话		武邑话=普通话
V 着咾	V 得着	V 不着
(61) 这事儿我管着咾。	这事儿我管得着。	这事儿我管不着。
(62) 这买卖合着咾。	这买卖合得着。	这买卖合不着。
(63) 他娶媳妇儿咱去着咾。	他娶媳妇儿咱去得着。	他娶媳妇咱去不着。

反问式(比否定式的否定义更强烈)	疑问式
这事儿我管得着啊!	这事我管着咾办?
这买卖合得着啊!	这买卖合着咾办?
他娶媳妇俺去得着啊!	他娶媳妇儿俺去着咾办?

此格式肯定式中的补语“着”对应于普通话的补语“着”，能性述补标记“咾”对应于普通话的能性述补标记“得”；反问式跟格式一中的反问式一样。不同的是格式二的肯定式有时也说成“V 得着”，跟普通话相同，(这种说法可能是受普通话影响产生的，也可能是自身“得”表可能义的遗留)如：这事儿我管得着。|这买卖合得着。|他娶媳妇儿咱去得着。但格式二中反问式的能性述补标记选择用“得(因为在反诘语气上“V 着咾啊”远不如“V 得着啊”强烈，而且“V 着咾啊”还带有无奈、抱怨的意思，如：他娶媳妇儿俺去着咾啊？还着俺去。〈他娶媳妇儿我去得着吗？还让我去〉这买卖合着咾啊？你还做〈这买卖合不着，你别做了〉)”则说明了武邑话的“得”的确曾表可能。

2. “咾”的各种用法之间的发展演变关系

2.1 动相补语“咾$_2$”的来源

动相补语“咾”表示动作或状态的完成或实现，是由结果补语“咾”虚化来的，结果补语

---

① 据吴福祥(2015)，专门表可能义的“得”宋元时期就出现了，而此时文献中并没有发现表可能的“咾$_3$”。

"咾"是由动词"咾"经常作补语虚化来的,[①]具体分析如下:

(64) 你乜事儿了哩办?(你的事儿了结了吗)

(65) 我吃了乜点儿饭咾。/乜点儿饭我吃了咾。(我吃得了这点儿饭)[②]

(66) 我吃咾乜点儿饭咾。/乜点儿饭我吃咾咾。/乜点儿饭我吃咾。

(67) 用咾赶紧还给人家。(用完赶紧还给人家)

(68) 他病好嘘,吃咾饭咾嘘。/他病好嘘,饭吃咾咾嘘。(他病好了,吃得了饭了)

例(64)(65)中的"了"是动词,表示"了结"义。不同的是一个作谓语动词,一个作结果补语。例(66)跟例(65)的不同只在读音上。这是因为武邑话的动词"了"作补语时,70岁以上的老年人倾向于读作"[$liau^{45}$]",中老年(65岁以下)及以下年龄的人倾向于读作"[lau^{0}]",我们认为"了"语音上的变化预示它虚化的开端。由前文可知,例(66)的最后一种说法,是由补语"咾"和句末"咾"因同音而省掉一个产生的。例(67)中的"咾"虽也为表"完"义的结果补语,但比起例(65)(66)中作补语的"了"或"咾"意义要虚。因为例(65)(66)中的"了"或"咾"表示通过某动作把具体的某物处理完,而例(67)中的"咾"表示动作本身的结果。例(68)中的"咾"意义更虚,已经没有了"了结""完成"义,更多的是"实现"义,成了动相补语,至于它为何不是实现体标记,理由见下文。

2.2　实现体标记"咾$_3$"的来源

格式"V+咾+O+来/去/走"中宾语的种类及宾语和趋向成分位置的变动可以给我们提供一个观察"咾$_2$"虚化为实现体标记"咾$_3$"的动态窗口,因此我们着重考察此格式中的动相补语"咾$_2$"虚化为"咾$_3$"的过程。

当格式"V+咾+O+来/去/走"中的宾语为有定成分时,凸显的是动作的处置性,处置得有一个结果,所以动相补语"咾"的"完成结果"义就比较明显。此时格式常用于使令义的兼语句中,表未然事件,如前文的例(14)(15)(16)。若表已然事件,须在句尾加相当于普通话"了$_2$"的语气词"嘘",如:捆咾乜个缺德玩意儿来/去/走嘘。骂咾他去/来/走嘘。糊弄咾他来/去/走嘘。

而当格式"V+咾+O+来/去/走"带无定数量宾语时,动作的处置性就弱了,再加上数量宾语的有界性,"咾"的"完成结果"义中也就暗含了些许的"实现"义,如:

(69) 拿咾几本书走。(拿走了几本书)

(70) 扛咾一袋儿面走。(扛走了一袋面)

(71) 叨咾一个鸡走。(叨走了一只鸡)

当趋向成分前移到宾语之前,"咾"之后时,"咾"的"实现"义就更明显了,如:"拿咾/D走几本儿书。扛咾/D走一袋儿面。叨咾/D走一个鸡"。此时趋向成分离动词更近了,几乎成了动词的直接补语。说明"咾"的意义更虚了,所以才允许它们从宾语之后移到宾语之前。此时的"咾"很接近实现体助词了,但因为"咾"不能省掉,最多弱化为D变韵的形式,所以还不能说是实现体助词。但在个别例子中,趋向成分能前移到动词之后,"咾"之前,成为动词的直接补

---

① 动相补语和结果补语的区别,请参看吴福祥(1998)。

② 用"/"分开的横排的几个句子表示一种意思的几种说法。下文同。

语。此时的“咾”可以说已经虚化成了实现体助词，可以直接省掉。比如：①

(72) 引来(咾)一个鸟儿。(引来一只鸟儿)

(73) 偷来(咾)一个馒头。(偷来一个馒头)

(74) 搬去(咾)一个凳子。(搬去一个板凳)

当然，若句子强调实现义，实现体助词“咾”还可以再补出来。注意：尽管例(72)(73)(74)可以说成“V+来/去/走+咾+O”，但更常用的说法还是“V+咾+来/去/走+O”或者“V+咾/D+来/去/走+咾+O”，如：

(75) 拿咾/D走咾一本书。

(76) 要咾/D走咾一袋儿面。

(77) 叼咾/D走咾一个鸡。

这说明格式“V+咾+O+来/去/走”中的“咾”虚化为实现体标记还刚刚开始，且虚化的机制是词汇扩散。即先在个别动趋组合中虚化成了实现体助词，但其动相补语的用法还存在着，只不过很多时候以其弱化形式D变韵出现，不易察觉罢了。

2.3 能性述补标记“咾$_4$”的来源②

我们认为“咾$_4$”是由实现体标记“咾$_3$”经常用在未然或假设语境中，由语境的可能义固化到自身，进而发展出的新功能。

由前文可知，实现体标记“咾$_3$”总在未然或假设语境中使用，就会因语境吸收而出现“可能”义，成为表“可能”义的补语标记，即由表“实现”变为表“可能实现”。如：

(78) 再有俩小时，火车就开咾。(再有俩小时，火车就开了/能开)

(79) 再有一天，房就盖好咾。(再有一天，房就盖好了/就能盖好)

(80) 给我一个棍子，我就撬起来咾。(给我一个棍子，我就撬起来了/撬得起来)

上面例子中的“咾”都可以两解。(例子中的条件都是未然的，所以相应的结果也就有“可能”或“未然的必然(未然的实现)”两种。武邑话中“未然的必然”也用“咾”，所以句子有歧义。)所以我们推测，表“可能”义的“咾”最初产生于条件句，更确切地说是结构“VC咾”用于条件句时能够滋生出可能义。随着使用频率的提高，语境的可能义逐渐被吸收到“咾”上，带“咾”的可能式也随之扩散到其他小句，直至能够摆脱未然或假设语境的束缚时，能性述补标记“咾$_4$”就形成了。如下面两例用于因果句中的“咾”，强调由于某种原因导致结果很可能实现，即强调结果实现的可能性。如：(81)天这么阴，下咾雨咾。(天阴得这么厉害，下得了雨)|(82)他力气大，搬动乜石头咾(他力气大，搬得动这石头)。(从一定意义上说，因果句中的“因”也是一种实现了的条件，相应的其结果就是“可能”或“已然的必然〈已然实现〉”。武邑话中表示已然的必然时，句末用“哇”，相当于普通话中的“了$_2$”。因此这里的“咾”就是“咾$_4$”。)当原因不必说出，直接强调结果实现的可能性时，可能式就独立使用了。如：

① 例子用括号表示“咾”可有可无。

② 值得注意的是，实现体标记“咾$_2$”可有可无，尤其当句中动词后出现补语性成分的时候。而能性述补标记“咾”是句子的焦点，总处于句末常规焦点的位置，一般不能弱化为D变韵的形式，也不能省掉。

(83) 我觉着我搬动乜篮子咾。(我觉得我搬得动这篮子)

(84) 谁搬动乜桌子咾唵?(谁搬得动这桌子呢)

(85) 谁打过他咾唵?(谁打得过他呢)

小　结

通过前面的讨论,武邑话中“咾”的各种用法之间的语法化序列就很清楚了:结果补语“咾$_1$”＞动相补语“咾$_2$”＞实现体标记“咾$_3$”＞能性述补标记“咾$_4$”。结果补语“咾$_1$”来源于表完成、结果义的动词“了”,进而“咾$_1$”又虚化为动相补语“咾$_2$”,之后“咾$_2$”进一步虚化为实现体标记的“咾$_3$”。这和普通话里“了”的虚化轨迹是一样的。不同的是武邑话中的“咾$_3$”经常在未然语境中使用,由于语境吸收,出现了“可能”义,进而发展出了新的功能——能性述补标记“咾$_4$”。而普通话的实现体标记“了$_1$”并没有发展出这项功能。值得注意的是,“咾$_4$”虽是“咾$_3$”用法上的扩展,但并不意味着在语义上“咾$_4$”比“咾$_3$”更虚。

“咾$_4$”产生后,不断排挤方言原有能性述补标记“得”的使用空间[据吴福祥(2015)实现体标记“了$_1$”在宋代就出现了,那时官话中表可能义的“得”也产生了,只不过能性述补标记“得”的完全形成是在宋元时期。而“咾$_4$”出现于清初,如《醒世姻缘传》、《聊斋俚曲集》等都有反映],最后取而代之,格式“VC 了/咾”成了方言里的可能补语表达式。据目前的方言材料来看,河北、山东、河南、山西、陕西、青海等省,使用这种可能补语表达式的方言非常普遍。而北京及江淮官话如安庆、庐江等及大部分南方方言仍然使用“得”作为能性述补标记。可见,这种可能式是方言自身的一种创新,具有语言类型学上的意义。

参考文献

柯理思.北方官话里表示可能的动词词尾“了”[J].中国语文,1995(4).

柯理斯.从河北冀州方言对现代汉语[V在+处所词]格式的再探讨[A].汉语方言语法研究与探索[M].哈尔滨:黑龙江人民出版社,2003.

柯理斯,刘淑学.河北省冀州方言“拿不了走”一类的格式[J].中国语文,2001(5).

柯理斯.从北京话里跟“得”有关的几个格式去探讨方言类型学[J].语言研究,2001(2):7—18.

吴福祥.近代汉语语法[M].北京:中国社会科学出版社,2015.

吴福祥.重谈“动+了+宾”格式的来源和完成体助词“了”的产生[J].中国语文,1998(6).

辛永芬.浚县方言语法研究[M].北京:中华书局,2006.

孙利萍.北方方言中表可能的“了”的历时演变[J].华侨大学学报(哲学社会科学版),2008(2).

王桂亮,钟虹.汉语方言“了”类标记的分化及其成因[J].江汉学术,2015(6).

王自万.汉语方言“VC了”可能式的语法化[J].新疆大学学报(哲学.人文社会科学版)2016(1).

王衍军.《醒世姻缘传》中的[VC了]式能性述补结构试析[J].暨南学报(哲学社会学科版),2009(3).

王衍军.泗水方言表能性的助词“了”及其历史来源[J].方言,2015(4).

王琳.安阳方言中表达实现体貌的虚词“咾”“啦”及其与“了”的对应关系[J].语言科学,2010(1).

吴继章.河北魏县方言的“了”——与汉语普通话及其他相关方言、近代汉语等的比较研究[J].语文研究,

2007(3).
谷向伟.河南林州方言的“V上来”和“V上来了”[J]. 21世纪汉语方言语法新探索.
朱德熙.语法讲义[M].北京:商务印书馆,1982.
河北省昌黎县县志编纂委员会,中国社会科学院语言研究所合编.昌黎方言志[M].上海:上海教育出版社,1984.
翟燕.明清山东方言助词研究[M].济南:齐鲁书社,2008.
张秀华.晚明至清初山东方言能性述补结构研究——以《金瓶梅》、《醒世姻缘传》、《聊斋俚曲》为例[D].广州:暨南大学,2015.

16—19 世纪传教士所撰汉字欧洲传播重要文献探究*

广西师范大学　廖恩喜　浙江财经大学　刘亚辉

内容提要　16—19 世纪，欧洲入华传教士和汉学家在汉字西方传播历程中起到了巨大的推动作用，表现之一就是他们编撰了大量与汉字有关的文献。本文择其要者进行探究，选择依据如下：一、意义重大；二、学界关于其汉字方面研究较少或之前结论值得推敲；三、笔者拥有该文献。根据上述标准，本文筛选出 18 种文献并分为三类：综合性文献、汉外辞书、汉语言文字研究文献，探究其在汉字欧洲传播史上的重要价值，并对前人的相关论述进行辨析。

关键词　传教士；汉字；欧洲；文献

16—19 世纪，随着中西文化交流的发展，欧洲的传教士和汉学家们对汉字进行了许多介绍和研究，为我们留下了大量宝贵的文献资料，如各种汉欧辞书，汉语教科书、语法书等汉语研究专书及与汉字相关的论文等。他们从欧洲人的视角认识和研究汉字，并记录了许多国内文献中没有保存下来的汉字现象，对汉字学的研究具有重要意义。本文对其中一些重要文献进行探究，选择依据为同时具备以下三个条件：1.在 16—19 世纪汉字欧洲传播史上具有重要意义。2.学界关于其汉字方面的研究较少。一些已被学界研究较多的重要文献，如罗明坚、利玛窦的《葡汉字典》、基歇尔的《中国图说》等，虽然在汉字欧洲传播史上具有重要意义，但学界已有较多研究，本文不再赘述。一些被研究过，但相关论述笔者认为不妥的，本文会进行讨论。一些被研究过，但有关其汉字传播价值未被充分讨论的，本文也加以论述。3.笔者掌握第一手资料。

根据以上标准，我们筛选出 18 种文献，将其分为三类：一类为综合性文献中有关汉字的介绍和论述；一类为汉外辞书；一类为汉语言文字研究文献。每类中的文献按照时间先后顺序排列。因篇幅所限，本文所讨论的只能是 16—19 世纪汉字欧洲传播中的一些重要文献，虽不能反映全貌，但均具有代表性。

1. 综合性文献

本文所述“综合性文献”主要指欧洲人介绍中国社会文化情况的文献或其他学术著作，其中提到过汉字；另外也有翻译成欧洲文字的中文书。本文中的这类文献主要出现在 16—17 世纪。

---

*　本文为国家社科基金一般项目“16—20 世纪初汉字西方传播研究”（项目编号：15BYY051）阶段性成果，为浙江财经大学汉字国际传播与书法产业协同创新中心科研项目“16—20 世纪初汉字西方传播编年”阶段性成果。

1.1 《中华大帝国史》

1585 年,西班牙奥斯丁会会士门多萨(Juan Gonzalez de Mendoza, 1545—1618)出版《中华大帝国史》(*Historia delas cosas mas Notables, ritos y Costumbres, Delgran Reyno dela China*, Roma: a Costa de Bartholome Grassi, en la Stampa de Vincentio Accolti.),其中有关中国语言文字的论述基本抄自埃斯卡兰特①,但印出的 3 个汉字已基本能辨出字形,而且该书在欧洲发行量极大,出版后的 15 年间至少有 40 个版本,为欧洲人初识汉字做出了重要的贡献。

下面是门多萨最初的西班牙文版中有关“穹”“皇”和“城”三个字的截图(图 1、图 2)②

su charater. Significan el cielo a que llaman Guant, por
vna sola que es esta, 穹 y al Rey a quien llaman Bon-
tay, por esta 皇, y por el consiguiente ala tier
ra, al mar y los de mas elementos, vsando de mas
de seis mil charateres differentes, que los señalan con

图 1 门多萨《中华大帝国史》中的“穹、皇”二字(第 104 页)

de todos significa vna mesma cosa, aunque la pronuncien
con differente vocablo, los vnos que los otros. Desta mane
ra si veen el charater que significa ciudad ques este 城
la qual los vnos llaman leombi, y otros fu: los vnos

图 2 门多萨《中华大帝国史》中的“城”字

何高济依据派克 1588 年所做的英文翻译③将《中国大帝国史》译为中文,于 1998 年出版。以上有关“穹、皇、城”的内容,何高济的中文翻译为:“他们只用一个字表示天,他们叫做穹(Guant),写作穷;国王,他们叫做皇帝(Bontay),写作皇,继之如地、海及其他词莫不如此。”“一个图形或字,对他们说都表示一件事物,尽管读音不同。表示‘城’的这个字,在他们的语言中有的做 Leombi,另一些做 Fu,但二者都意思是城。”④

关于“穹”字,何高济的注释为:“从词形和读音 Guant 看,这个词可断定是穹。在门多萨之前,欧人已谈到中国的字,都是用拉丁拼音,因此门多萨是第一个写出原中国字的欧人。”⑤

---

① 西班牙人埃斯卡兰特(Bernardino de Escalante, 1537—?)于 1577 年出版《葡萄牙人东方各国各省及中国奇观消息记》,其中刊印的 3 个汉字“穹”“皇”“城”很难辨认。

② Juan Gonzalez de Mendoza, *Historia delas cosas mas Notables, ritos y Costumbres, Delgran Reyno dela China*, Roma: a Costa de Bartholome Grassi, en la Stampa de Vincentio Accolti, 1585, pp.104—105.

③ Parke, Robert: *The history of the great and mighty kingdom of China and the situation thereof*, London, printed for the Hakluyt Society 1853, Edition of Parke's first English translation(1588).

④ 门多萨.中华大帝国史[M].何高济译.北京:中华书局,1998:112.

⑤ 门多萨.中华大帝国史[M].何高济译.北京:中华书局,1998:114.

何高济认为“门多萨是第一个写出原中国字的欧人”，这句话显然是不对的，埃斯卡兰特比门多萨更早，门多萨的材料来自埃斯卡兰特。

关于“Bontay”，派克的注释为：“Bontay，显然就是皇帝(Kwang te)，现代中国字是 Hwang 皇。”①而计翔翔认为这个“皇”字“释义为君主，标音为‘Bontay’(皇帝)，显然已使 1 个字读出了 2 个音，违反了汉字基本上是单音节的规则。”②我们认为：门多萨并非注音错误，而是要用其他的字来解释字义，但对用以解释的字只注出了读音，没有写出汉字。我们同意派克的观点，“Bontay”可能是“皇帝”一词的某方言音。因为门多萨并未到过中国，只是从各种有关中国的文献中整理出了这部书，因此难以判定“Bontay”是哪个方言的发音。

关于“城”，派克注为：“这个字看来指 ching(城)——带墙的城市，其正确词形是‘城’。”何高济注为：“按，门多萨所说的 Leombi，可能是‘城’的读音的讹误，而 Fu 显然是‘府’，门多萨把‘城’误作‘府’，可能是因为府的驻地在大城市。”③计翔翔认为“Leombi 是‘墙壁’的对音，由‘城墙’引申出来。”关于 Fu 的说法与何高济相同④。我们认为 Leombi 可能是“墙壁”一词的某方言音，关于 Fu，很可能是“府”的对音，我们在后来曾德昭《大中国志》中找到一种说法：“最大的城市称为‘府(Fu)，稍小的城市叫做‘州(Cen)’，更小的城市叫‘县’(Hien)，最小的城市就是‘镇’(Cid)”⑤这估计是他们当时普遍认为的中国不同规模城市的叫法。

1.2 《明心宝鉴》

《明心宝鉴》(*Beng sim po cam*, *Espejo rico del clarocorazón*)大约成书于元末明初，辑录者为范立本。由多明我会士高母羡(Juan Cobo, 1546—1592)于 1592 年(也有人说 1590 年)译成西班牙文，后另由他人于 1595 年带回西班牙献给菲利普二世。抄本目前藏在西班牙马德里国立图书馆。法国汉学家伯希和认为这是最早被翻译成欧洲语言的中国古代典籍⑥。这部抄本正面是西班牙文，背面是中文，中文用楷书工整地书写，全书字体不一致，估计并非出自一人之手。虽然该书为全文翻译，没有逐字翻译，也没有对汉字的性质、构造等进行分析，但这已在汉字欧洲传播史上具有重要意义，根据目前所见材料，这是欧洲人见到的第一部翻译过来的中文书，清晰优美的数量巨大的汉字比起《中华大帝国史》中的三个汉字来说，是一个质的飞跃。

1.3 《学术的进展》

1605 年，英国学者培根(Francis Bacon, 1561—1626)著作《学术的进展》(又名《知识的进步》)(*The Advancement of Learning*)出版，其中认为：汉字是一种真实字符，在中国和远东通行，即使口语不同，但汉字能被不同地区和不同民族的人普遍接受与使用。这种真实字符与埃及人的象形文字不同，象形文字与事物之间是一种实际的关系，而汉字符号与事物之间

---

①③　门多萨撰.中华大帝国史[M].何高济译.北京：中华书局，1998：114.

②④　计翔翔.十七世纪中期汉学著作研究——以曾德昭《大中国志》和安文思《中国新志》为中心[M].上海：上海古籍出版社，2002.

⑤　曾德昭.大中国志[M].何高济译.上海：上海古籍出版社，1998.

⑥　张西平.罗明坚与儒家思想早期在欧洲的传播[J].国际汉学 2016(3).

的关系是人为约定的①。培根有关汉字的知识主要来自门多萨的《中华大帝国史》,而他关于汉字是真实字符的论述对后来学者产生了巨大的影响。实际上,培根对埃及文字和汉字的理解都有误。目前的研究认为,埃及象形文字"一般用来代表古埃及语里的发音"②,与事物之间不是实际的关系。

培根认为"汉字符号与事物之间的关系是人为约定的。"这种说法其实不准确,汉字形体中有一部分与事物之间也是实际的关系,如"犬、虎、鸡、凤"等。

1.4 《大中国志》

葡萄牙籍耶稣会士曾德昭(Alvaro Semedo, 1585—1658)于 1641 年③完成的《大中国志》(*Relação da Grande Monarquia da China*)④是汉学史上的名著,1642 年苏查(Manuel de Faria I Sousa)将其译为西班牙语出版,后又有意大利文、法文、英文、葡萄牙文译本,可见其在欧洲的广泛影响。

《大中国志》用了整整一章介绍中国的语言文字,比之前的介绍都全面丰富得多。曾德昭介绍了汉字的产生年代、汉字总数、笔画构成、造字法、字体等。他认为汉字随着书写的演变有"四体"。关于这"四体",学者们争论不一,目前学界基本认定这四种字体为:篆书、楷书、隶书、草书。

经过考证、分析,我们认为这四种字体应为:篆书、楷书、行书、草书。曾德昭所说的第三种字体应为行书,而非隶书⑤。

2. 汉外辞书

2.1 汉语—西班牙语词典

1604 年⑥,西班牙耶稣会士齐瑞诺(Pedro Chirino, 1557—1635)在菲律宾的宿务岛(Cebu)编写了一本汉语—西班牙语词典 *diccionarium sino hispanicum*,正文 82 页,收录 1920 个汉字,每个字都有闽南话的拉丁字母注音和西班牙语解释。这是现存已知最早的汉语方言与西文对照的字典,在罗马的安杰利卡图书馆(the Biblioteca Angelica)有收藏。

---

① Francis Bacon, The Advancement of Learning, Joseph Devey(cd.), New York: P.F. Collier & Son, 1911, pp.248—249.

② 马克·科利尔,比尔·曼利.古埃及圣书字导读[M].陈永生译.北京:商务印书馆,2015.

③ 关于书稿完成时间,何高济认为是 1638 年,(曾德昭.大中国志[M].何高济译.上海:上海古籍出版社,1998:1.)计翔翔认为是 1641 年,(计翔翔.十七世纪中期汉学著作研究——以曾德昭〈大中国志〉和安文思〈中国新志〉为中心[M].上海:上海古籍出版社,2002:79.)笔者赞同后者。

④ 该书不同的版本题目也不相同,本文根据何高济的中文译本,使用《大中国志》这个在目前学界普遍使用的中文译名;外文译名采用葡萄牙文本,因曾德昭是葡萄牙人。

⑤ 参见刘亚辉.曾德昭《大中国志》中的汉字字体名称研究[J].洛阳师范学院学报,2017(4).

⑥ 曹茜蕾和贝罗贝认为是 1604 年,见曹茜蕾、贝罗贝.近代早期闽南话分析型致使结构的历史探讨[J].方言,2007(1):52—59。马西尼认为是 1602 年,见马西尼:罗马所藏 1602 年手稿本闽南话—西班牙语词典——中国与西方早期语言接触一例[M]//邹嘉彦,游汝杰.语言接触论集.上海:上海教育出版社,2004:211—234.

该字典以字为主,兼有双音词、词组,也有少量句子。每页基本按语义场排列,如:第24页有“绸、缎、绫、布、纱、线、系、绒、裤、帽、鞋、袜、衫、六花、三花、潮绸”,第60页有“打铁”“打皷”“打鍾”“教我咀唐人话”,第48页有“你爱便为伊不爱就罢”。解释的结构是汉字、注音加西班牙语释义。词目基本按照意义类别排列。

2.2 汉西字典

该字典是汉语—西班牙语字典,没有封面,编于1684年,目前尚不知作者是谁,是手稿形式的完整的规模较大的字典,按汉字注音的音序编排,每个汉字后面有西班牙语解释。字典后附按照部首编排的汉字表。还有汉语姓氏、天干地支等附录。

这部《汉西字典》不是按照《康熙字典》的214部排列,而是约278部(因排列顺序较乱,部首一般在每页第一行,但有时页面中也会出现一些部首,难以数清。)其中的分部和归字与《康熙字典》皆有不同之处。

从分部来说,总的来看,编者分部的核心是以形近为标准,主要从形体的角度考虑,而且对形体的辨析不是特别细致,如将“阝在右”(邑)和“阝在左”(阜)与“卩”放在一起,归入第2画中,将“匚”和“匸”合为一部。又如“夂”部下面列了“冬、处、各、麦、隻、憂、變”,编者认为这些字有形近成分,实际上,从字源来说,这些形近成分实际上是不同性质的构件,“冬、处、各”为“夂”,“麦、憂”为戈,“變”为“攴”,“隻”为“又”。但有些方面,《汉西字典》的分部比《康熙字典》更为合理,如将“共、兵、典、具、其、異、與、興、輿”归入六部。与《康熙字典》的214部相比,这个部首的设置更加符合字形发展规律。因为《汉西字典》中所列的这9个字除“其”之外,均由𠬞隶变而来。

从归字来说,有些字写法有误或对字的结构认识有误,以致错误归部。如将“以”错写成汄,归入“冫”;将“及”误认为是“廴”部,与“廷、巡、廻、迺、建”归入一部。

2.3 《拉汉字汇手册》

1685年,门采儿(也译为门泽儿)(Christiano Mentzelio, 1622—1701)《拉汉字汇手册》(*Sylloge Minutiarum Lexici Latino-Sinico-characteristici*)出版,这是目前所知的在欧洲出版的最早印有汉字的西—汉辞书。这部词典非常简单,正文只有24页,560个汉字,全书按拉丁语顺序排列,体例为拉丁语—汉字注音—汉字,基本为拉丁语单词与汉字的一一对应,汉字方面也有少数双音节词,如“T”字头下,“Templum-xǐ 寺”“Terra-hĕ 土 faḿ 方”“土”和“方”为竖行排列。全书汉字的书写极不标准,错误百出。但这部书也有值得称道之处。序中讲到了6种基本笔画:一、丨、丶、丿、乀、乙或亅。列出了几种部首在不同位置时的写法:如:辵辶;火灬;艸艹;人亻;阝邑;阜阝;扌手;犭犬;氵水;王玉。论及汉字的结构和构件,如謞由言和高组成。谈到汉字中的虚字,如连词“而”和介词“於”①。

2.4 汉语拉丁语词典

这是巴耶(T.S.Bayer, 1694—1738)在《汉语博览》(*Museum Sinicum*)第二卷所收的一部

---

① Christiano Mentzelio, *Sylloge Minutiarum Lexici Latino-Sinico-characteristici*, Norimbergae, 1685, pp.18—22.

汉语词典。分两部分,第一部分收录2251个汉字,按照汉字的407个部首进行检索、编排和编号;第二部分内容为汉字注音和拉丁文释义,编号与第一部分一一对应。这是目前已知最早的西人编撰的第一部按照汉字部首编排的汉语词典。

巴耶的收录既有字也有词,因此我们认为称其为"词典"更为合适。如"鱼"部下有"鲜、鳄、比目鱼、青鱼、石首鱼、竹鱼、鲻鱼、白鱼"①字表中的字按笔画顺序排列,从1画的"一"到18画的"龍"部,每个笔画下再按照部首顺序排列。

巴耶《汉语博览》第一卷为汉语语法,包括汉语语法概述、汉字检索系统概论、对穆勒《中文之钥》的说明等。

2.5 《汉—法—拉字典》(《汉字西译》)

1813年,署名为法国学者德经(Chrietiên Louis Joseph de Guignes, 1759—1845)的《汉—法—拉字典》(*Dictionnaire Chinois, Français et Latin*)(中文名:《汉字西译》)在巴黎出版,这是目前所知在欧洲最早出版的一部汉—西多语字典。这部字典规模宏大,共1171页,第一卷采用汉字214部排序,收录汉字13316个,每个汉字都有注音、法文释义和拉丁文释义。第二卷按汉字注音的音序排列。这部字典除编排体例上的差别外,内容大量抄袭叶尊孝(Basilio Brolloda Gemona, 1648—1704)的汉—拉字典(又名《汉字西译》)、傅尔蒙《汉语沉思录》等前人著作。尽管这部字典为抄袭之作,但在客观上,由于收字数量大,编排合理,查阅方便,在汉字欧洲传播史上也是一个里程碑,214部得到推广和运用。

这部字典在前言中列出了18个字的部首、笔画和笔顺表,每个字列出属于214部中的哪一部,并按照笔顺写出每个笔画,是值得称道的。在此之前的其他字典中,有提到过汉字笔画的,但像这个表这样详细列出汉字笔顺的还非常少见。

2.6 《汉英字典》

1871年,罗存德(W.Lobscheid)《汉英字典》(*A Chinese and English Dictionary*)出版。这部词典按照214部排列,每部中又按照笔画数排列。以字带词,先列单字,每个字头标出字音、字义。然后列出以此单字为构成成分的词语或语句,词句中该字在词的哪个部位,不加区别。词语无注音。字头列出异体字。这部词典大部分为广东话口语,也有一些例子从古文中来,如"云"字条下有:"乂云;胡不云;岂曰友之云乎? 薄乎云尔。"②

3. 汉语言文字研究文献

3.1 《漳州话语法》

1620年,目前可见的第一部汉语语法著作《漳州话语法》(*Arte de la lengua Chiō Chiu*)

---

① Bayer, *Museum Sinicum, Tomus Secundus: Lexicon Sinicum et Diatribas Sinicas Comprehendit*, Petropoli: Ex Typographia Academiae Imperatoriae, 1730, p.79.

② W.Lobscheid, *A Chinese and English Dictionary*[M]. HongKong, printed and published by Noronha & Sons. Agents in Europe: Henry S. King & CO. 65 Cornhill London, 1871, p.7.

完稿。

这部手稿是贝罗贝先生在西班牙巴塞罗那(Barcelona)大学图书馆发现的,另外还有几种拉丁文本,是 Melchior de Mançano 神父的手稿,完成于 1620 年,他编写这部书的目的是供 Rajmundo Feijoo 使用。(曹茜蕾、贝罗贝 2014)这部著作有汉字,一共 66 页,里面的每个汉字、词语、短语都标了注音和西语解释。

有学者认为这部著作不是语法书,而是辞典。因为其中记录的主要是字、词和短语。但贝罗贝和曹茜蕾两位先生认为,这部著作中出现的词语、短语和句子含有语法的内容,而且这部著作手书的书名 *Gramatica China*,意思就是《汉语语法》,因此可称为语法书。

3.2 《汉语札记》

法国耶稣会士马若瑟(Joseph-Henry-Marie de Prémare, 1666—1736)所著《汉语札记》(*Notitia Linguae sinicae*)于 1728 年完稿,这是目前可见的第一部文白分开的汉语语法著作、第一部汉语文言语法著作,也是第一部有汉字的官话语法著作。该书 1831 年才得以出版。

之前 1620 年的《漳州话语法》为方言语法,且非常简单。意大利传教士卫匡国(Martinus Martini, 1614—1661)于 1652 年完成的《中国文法》(*Grammatica Sinica*)和西班牙传教士瓦罗(Francisco Varo, 1627—1687,又译万济国)的《华语官话语法》(*Arte de la Lengua Mandarina*)皆无汉字。

《汉语札记》第二章专讲中国文字,分为两节:第一节:汉字的写法;第二节:汉字的发音。在第一节中,马若瑟介绍了汉字的独体字和合体字。关于汉字的字体,马若瑟谈到隶书、篆、蝌蚪文(《汉语札记》中写为"科斗")和草书。马若瑟还介绍了许多有关汉字的概念,如古字、本字、正字、俗字、省字、伪字等①。

马若瑟谈到了汉字的反切,举例说"天"的发音是由"他"的声母和"年"的韵母构成。难能可贵的是,马若瑟专门列出章节介绍一字多义,分别列出"得""把"等等十几个汉字的各种义项。另外,马若瑟还专门列了"汉语诸音总索引",按照汉语韵母顺序列举了 1445 种音节,每个音节列出一个对应的汉字及其拉丁文释义。

3.3 《汉语沉思录》

1737 年,傅尔蒙(Etiene Fourmont, 1683—1745)的《汉语沉思录》(*Meditationes Sinicae*)出版,根据目前所知材料,这部书在欧洲出版的著作中首次完整呈现 214 部。

《汉语沉思录》主要介绍汉字的字音、结构、214 部以及各种汉语字典的编排体例,其实是一部汉字研究专著,目的是想通过讲解汉语字典来阐释汉字的字法,使欧洲人能借助字典自学汉语。他对 214 部进行了详细的分析,每个部首都标了注音和拉丁文释义。他将 214 部视为所有汉字的基本字,认为这 214 部每个都有独立的读音和含义,通过这 214 个基本字的组合就可以构成其余的所有汉字。实际上,214 部并非每一个都有读音和独立的意义,有些只是笔画的组合,不是一个完整的字,没有读音也没有意义。比如竖、点、撇等。而且,并不是学会了汉字就能学会汉语。傅尔蒙混淆了汉字与汉语。

---

① Joseph-Henry-Marie de Prémare. *Notitia Linguae Sinicae*, Malacca: Cura Academia Anglo Sinensis, 1831, p.9.

这部书出版后，虽然评价不高，但客观上推动了汉字在欧洲的传播。而且他有关 214 部的观点在后来的一个世纪里被广泛接受。

3.4 《边画译》

1801 年，一部重要的汉字研究专著——哈盖尔(Joseph Hager)的《边画译》(*An Explanation of the Elementary Characters of the Chinese; with an Analysis of their Ancient Symbols and Hieroglyphics*)出版。

《边画译》主要是对汉字的偏旁部首进行解释。全书共分两部分：前言和正文。前言所占篇幅比正文多了近一倍。在前言中，哈盖尔论述了汉字的起源、古体字、汉字与古埃及象形文字的关系，汉字的发音以及 214 部。第二大部分是对 214 部的译介，列出了每个部首的注音、字形、字义、在复杂字中的常见位置，同时，还对一些部首进行了说明，例如，他谈到一些部首在不同的字中会有不同的形体变化，如第 32 部“土”，他的释义为“土地，中国五行之一。在合体字中，放在左边时写成提土旁，尤其重要的是，他对一些形体相似容易混淆的部首进行了辨析，提醒读者注意它们之间的区别，如第 109 部“目”，哈盖尔说：“在合体字中常写成‘耳’，不要跟第 128 部混淆”在第 128 部“耳”下面，他又说：“在合体字中常写成‘耳’，不要跟第 109 部混淆。”在一些文献中，“目”字旁在左边时的确有时会写得像“耳”，哈盖尔非常敏锐地看到了这一点。第 122 部“网”，哈盖尔谈到：“在合体字中写成‘罒’总是放在字的上面；然而第 108 个部首‘皿’，跟它写法类似，总是放在字的下面。”[①]对汉字学习者来说，《边画译》是一部非常好的教材。

3.5 《中国言法》

1814 年，根据目前所知材料，首次以汉字的可拆分性作为切入点来研究汉字的著作——马士曼(Joshua Marshman，1768—1837)的《中国言法》(*Elements of Chinese Grammar*)出版[②]。

这部书是新教传教士第一部汉语文言语法著作，绪论部分比较全面地讨论汉字和字音，是作者在自己 1809 年出版的论文基础上写成的，列举了汉字的 214 部，每个部首都有注音和英文解释。该书首次以汉字的可拆分性作为切入点来研究汉字，是汉字欧洲传播中的一个具有里程碑意义的事件。他认为：所有的汉字都是由若干个词根(the primitive)，即构件所组成，他认为这些词根的总数为 4081 个(包括 214 个部首)，其中最常用的只有 61 个，通过他们的组合可以衍生出近 25000 个汉字。这个发现直接启发了汉字金属字模的发明，是汉字印刷史上的重要一笔，极大地方便了欧洲印制汉字文本，在汉字欧洲传播史上也做出了巨大的贡献。

3.6 《汉文启蒙》

1822 年，雷慕沙(或译为雷慕莎、雷缪萨等)(Jean-Pierre Abel-Rémusat，1788—1832)的

---

① Joseph Hager. *An Explanation of the Elementary Characters of the Chinese; with an Analysis of their Ancient Symbols and Hieroglyphics*, London: Richard Phillips, 1801. pp.8—25.

② J. Marshman, *Elements of Chinese Grammar, with a Preliminary Dissertation on the Characters, and the Colloquial Medium of the Chinese, and an Appendix*, Serampore: Printed at the Mission Press, 1814.

《汉文启蒙》(*Élémens de la Grammaire Chinoise*)出版,被视为 19 世纪早期西方汉语语法研究的最高水准,也是一部在欧洲具有广泛影响的汉语教材。整部书以“字”为基础,先按照象形、会意、指事、转注、假借、形声的顺序详细分析了汉字“六书”,解释了汉字“蝌蚪、篆、隶、草”几种字体以及正字、俗字、通假字、古今字等,分析了汉字部首结构特点,列出了完整的 214 部列表,每个部首都加上汉字注音和法语解释。字音方面,他介绍了汉字平上去入 4 个声调,列举了 450 个音节。他还根据《中庸》中的汉字,以 214 部为顺序编排了汉字表、汉字笔画表、汉字音节表和缩写表各一份。

《汉文启蒙》1857 年的版本谈到了汉字声符的重要作用,例如“扁”可以组成“偏徧惼媥揙稨糄諞騙褊编蹁鳊匾鶣篇萹煸匾遍”①(P214),并附上一个长达 16 页的汉字声符表,列出 659 个声符,从“乚”到“靈”,每个声符都有注音②。

3.7 《汉字文法》

1829 年,目前所知的第一部葡萄牙文汉语语法教材——江沙维的《汉字文法》③出版。

葡萄牙遣使会传教士江沙维(Joaquim Afonso Gonçalves, 1781—1841)的《汉字文法》(*Arte China*)首先论述汉字,列举了一份长达 74 页的汉字笔画结构表,每个部首旁边有例字和葡萄牙文释义,每个汉字旁边都有简单的笔画分析及释义。

他在汉字方面的最大贡献也是对汉字拆分的研究,他将汉字拆成 127 个不可再分割的构件,各成一部,提出汉字 127 个“部首”之说,接着将汉字按照笔画数多少分成 20 组,每组按照不同笔画结构排列。但江沙维对汉字的拆分非常不合理。江沙维还在书中提出了汉字声符的概念,直接影响到他的学生加略利编撰《字声纲目》。加略利认为江沙维是第一个意识到汉字本身具有发声功能,并对汉字声符也有过探索的西方人。该书对汉语初学者来说非常实用,被汉学界评价很高。

3.8 《字声纲目》

1841 年,欧洲学者首次全面研究汉字声符的力作——加略利(Joseph Marie Callery, 1810—1862)的《字声纲目》(*Systema Phoneticum Scripturae Sinicae*)出版。

加略利是法国遣使会传教士,在澳门出版的拉丁文的《字声纲目》是目前所知文献中欧洲第一部全面研究汉字声符的专著,也是第一部专门的汉字教材。他参考《说文解字》《正字通》《康熙字典》《金石韵府》《五方元音》《五车韵瑞》《增补篆书汪字汇》《字汇》《玉堂字汇》《艺文备览》《佩文韵府》《韵府约编》,小德金的《汉字西译》、马礼逊的《华英字典》、江沙维的《汉字文法》、《汉洋合字汇》等,列出了汉字中的 1040 个声符。为了让人们便于学习这些声符,他将其先按照笔画顺序排列,标注汉字注音、拉丁文和法文释义,然后列出康熙字典的 214 部进行对

---

① Abel-Rémusat, *Élémens de la Grammaire Chinoise*, Paris: Maisonneuve et Cie, Libraires-Éditeurs, 1857, p.214.

② Abel-Rémusat, *Élémens de la Grammaire Chinoise*, Paris: Maisonneuve et Cie, Libraires-Éditeurs, 1857, pp.219—234.

③ J.A. Gonçalves, Arte China Constante de Alphabeto Grammatica, Macao: Real Collegio de S. Jose, 1829.

照,又将这些声符依楷、草、篆三种字体分别书写,再将其按照汉字注音顺序排列。加略利还将这些声旁编成短语和句子便于人们记忆声旁,了解声旁的意义及在句中如何使用。如三画的声旁有“亡、亏、干、于、兀、大、丈、弋、下、工、土、寸、才、弓、已、巳、刃、也、子、孑、乞、乇、千、勺、夕、彡、久、凡、丸、叉、川、卂、女、口、山”,他就编出以下句子:

“大人上了山。工人下了山。上人一个、吓人一千。子亡了,女也亡了。土工大三千人亡了。十个丸子,弋了千丈。十个土人九个弓子。大几个女子才大也孑了。大刀刃子八寸。亡人下土。川下久了。”①

每个句子均有拉丁文释义。而且编排方法非常科学,每个笔画下面句中的字都只能出现前面笔画中的,绝不出现后面的字。这样人们在学习时还可复习前面学过的字,并且不至于遇到没学过的字。例如第一画下面的句子,只用第一画的声符字。第二画中只出现第一和第二画的声符字,以此类推。

加略利还以这些声符归纳出12753个汉字,编成字典。这是基于根据声符学习汉字的理念。他认为声符是汉字中最重要的元素。即便不能把汉字完全纳入纯表音文字,至少它是一种意音文字(scriptura ideo-phonetica)。并且他用大量实例证明了汉字具有意音特性。这个意义非常重大,成为欧洲人对汉字认识的一个转折点。在汉字欧洲传播的第一阶段,欧洲人大多都认为汉字是象形文字,即使1660—1670年间殷泽铎《论中国文字》中介绍了“六书”,汉字是象形文字,或者汉字是表意文字,持这样概念的人仍占大多数。加略利重视声符的思想源于老师江沙维,但他在这方面比江沙维更进一步,专门著书讲述声符。对欧洲人全面认识汉字起到了重要的作用。

詹姆斯·萨默斯(James Summers)在《汉语手册》(*A Handbook of the Chinese Language*, Oxford: the University Press, 1863)中对《字声纲目》的评价是“范尚人(Joseph Marie Callery)(又译加略利)著有一部字典,名为《字声纲目》(*Systema Phoneticum Scripturae Sinicae*),出版于1842年。这部字典源自一项新计划,值得大家注意,但遗憾的是对每个汉字给出的释义都很少,并且没有提供用这些汉字所组的词,这就大大削弱了该书的实用价值。同时,我们也发现该书给出的汉字的意义又是非常正确的,所以应推荐大家如有可能尽量能够获得一本。”②萨默斯的评价有一处错误,《字声纲目》初次出版于1841年,不是1842年。另外,萨默斯对加略利在声符方面的贡献只字未提,这应该是加略利最大的贡献,也是这部书最有特色之处。

4. 结　语

本文从16—19世纪传教士和汉学家所撰有关汉字欧洲传播的重要文献中筛选出18种,分综合性文献、汉外辞书、汉语言文字研究专书三类,分别评价其在欧洲传播过程中的作用,如1684年的《汉西字典》分部有比《康熙字典》更为合理之处,1685年出版的《汉拉字汇手册》已经注意到汉字部首在不同位置时的写法,1813年出版的《汉—法—拉字典》详细列出汉字笔

① J.M. Callery, *Systema Phoneticum Scripturae Sinicae*, Macao, 1841, pp.43—44.

② 詹姆斯·萨默斯著,于海阔,方环海译.18—19世纪欧洲的汉语教学研究:《汉语手册》前言(1863)[J].海外华文教育,2011(1).

顺,《汉语札记》介绍了古字、本字、正字、俗字、省字、伪字等概念,《边画译》对一些容易混淆的部首进行了对比,《字声纲目》将汉字声旁编成短语和句子便于人们学习。本文还对一些前人的论述进行了探究,如对《中华大帝国志》中“穹”和“城”的理解。从中对欧洲传教士在汉字传播上的贡献可见一斑。

参考文献

门多萨.中华大帝国史[M].何高济译.北京:中华书局,1998.

曾德昭.大中国志[M].何高济译.上海:上海古籍出版社,1998.

张西平.罗明坚与儒家思想早期在欧洲的传播[J].国际汉学,2016(3).

马克・科利尔,比尔・曼利.古埃及圣书字导读[M].陈永生译.北京:商务印书馆,2015.

曾德昭.大中国志[M].何高济译.上海:上海古籍出版社,1998.

计翔翔.十七世纪中期汉学著作研究——以曾德昭《大中国志》和安文思《中国新志》为中心[M].上海:上海古籍出版社,2002.

刘亚辉.曾德昭《大中国志》中的汉字字体名称研究[J].洛阳师范学院学报,2017(4).

曹茜蕾,贝罗贝.近代早期闽南话分析型致使结构的历史探讨[J].方言,2007(1).

马西尼.罗马所藏 1602 年手稿本闽南话—西班牙语词典——中国与西方早期语言接触一例[A]//邹嘉彦,游汝杰.语言接触论集.上海:上海教育出版社,2004.

詹姆斯・萨默斯著,于海阔,方环海译.18—19 世纪欧洲的汉语教学研究:《汉语手册》前言(1863)[J].海外华文教育,2011(1).

Francis Bacon, The Advancement of Learning, Joseph Devey(ed.), New York: P. F. Collier & Son, 1911, pp.248—249.

Juan Gonzalez de Mendoza, Historia delas cosas mas Notables, ritos y Costumbres, Delgran Reyno dela China, Roma: a Costa de Bartholome Grassi, en la Stampa de Vincentio Accolti, 1585, pp.104—105.

Parke, Robert: The history of the great and mighty kingdom of China and the situation there of, London, printed for the Hakluyt Society 1853, Edition of Parke's first English translation(1588).

Christiano Mentzelio, Sylloge Minutiarum Lexici Latino-Sinico-characteristici, Norimbergae, 1685, pp.18—22.

Bayer, Museum Sinicum, Tomus Secundus: Lexicon Sinicum et Diatribas Sinicas Comprehendit, Petropoli: Ex Typographia Academiae Imperatoriae, 1730. p.79.

W. Lobscheid, A Chinese and English Dictionary. HongKong. printed and published by Noronha. & Sons. Agents in Europe: Henry S.King & CO.65 Cornhill London, 1871, p.7.

Joseph-Henry-Marie de Prémare. Notitia Linguae Sinicae, Malacca: Cura Academia Anglo Sinensis, 1831, p.9.

Joseph Hager. An Explanation of the Elementary Characters of the Chinese; with an Analysis of their Ancient Symbols and Hieroglyphics, London: Richard Phillips, 1801. pp.8—25.

J.Marshman, Elements of Chinese Grammar, with a Preliminary Dissertation on the Characters, and the Colloquial Medium of the Chinese, and an Appendix, Serampore: Printed at the Mission Press, 1814.

Abel-Rémusat, Élémens de la Grammaire Chinoise, Paris: Maisonneuve et Cie, Libraires-Éditeurs, 1857, p.214.

J. A. Gonçálves, Arte China Constante de Alphabeto Grammatica, Macao: Real Collegio de S. Jose, 1829.

J. M. Callery, Systema Phoneticum Scripturae Sinicae, Macao, 1841, pp.43—44.

汉语西北方言的形成:藏汉语法深层接触

中国人民大学　瞿霭堂　劲　松

内容提要　本文探讨作为西北方言底层的藏汉语法深层接触现象,说明西北方言的底层及其形成的原因、过程和变化。论述西北方言起源于藏族学习汉语的一种固化的汉语中介语,进一步受到阿尔泰语言、官话和普通话的影响,加上本身使用和发展中的创新,成为一种具有混合性质的方言。

关键词　西北方言;藏语;阿尔泰语;中介语

汉语西北方言主要分布在甘肃、宁夏、青海和陕西、内蒙古、新疆的部分地区,大体相当于所谓的兰银官话。核心地区在甘肃的临夏一带。历史上临夏曾称临洮或河州,范围大体相当于现在的临夏州,包括临夏州和青海西宁以东湟水与黄河交汇处的河湟地区。这个地区的话统称为河州话。核心地区主要是指这种方言最早形成和至今保留较多古老形态的地区。提出核心地区是与本文的研究目的有关,本文研究西北方言的形成,而任何方言都形成于核心地区,然后向四周扩散。西北方言与其他方言的不同主要是语法,西北方言保留了大量SOV型语言的语法特点,汉语其他方言语法结构则属于SVO类型。西北方言的这种语法特点不是自源的发展,属于语言接触的结果。核心地区古代属于羌、戎民族的居住地,西与青海毗邻,南与甘南藏族自治州交界,北与兰州接壤,历史上是一个民族杂居地区,居住着汉、藏、蒙古、维吾尔、东乡、裕固、撒拉、土族等多个民族,语言交流和接触不可避免。唐、宋以降基本上是汉族和藏族轮流和分别管辖,至今依然主要是汉族与藏族杂居的地区。我们通过比较研究,特别与倒话和五屯话这些藏汉语法深入接触语言的比较,确认西北方言的底层源自藏族学习汉语过程中发生的一种固化的汉语中介语。中介语的固化是语言认同的一种体现,首先使用于藏族之间,然后成为地区的通用语言。由于这个地区行政管辖权的交替,强势语言的变换,汉语对这种固化中介语持续的影响,使这种固化的汉语中介语逐渐更加接近当地的汉语,并从藏族之间使用的中介性汉语作为强势语言成为汉语的一种地区性通用方言。语言学习中固化的目的语成为标准目的语的一种变体,甚至独立的语言,已经从事实中得到证实。比如长沙的塑料普通话,浙江的萧山萧普话,都是普通话的一种固化的变体,与标准的普通话并存并用,功能分化,成为当地人在普通话使用中的一种地区认同和身份标志。五屯话和倒话则由于中介的程度高,母语与目的语具有了混合的性质。西北方言作为一种固化的汉语中介语,不仅受到官话和普通话的影响,还受到其他民族语言的影响,无论语音、语法、词汇上都已经与原始的形式有了很大的差别。语法是语言系统的本质特征,也是语言和方言识别和区别的主要标准,本文探讨作为西北方言底层的藏汉语法深层接触现象,说明西北方言的底层及其形成的原因、过程和变化。

1. 语言接触和中介语的形成

语言的学习和使用本是一体，相辅相成，在使用中学习，在学习中使用，学习的目的是使用，使用就必须首先学习。在双语学习和使用过程中，发生母语的要素输入到目的语和目的语的要素输入到母语的负迁移现象，这种负迁移就是语言接触。称"负"是针对母语和目的语的标准性而言的，将甲语言的要素输入乙语言必定会影响乙语言，使乙语言发生一定的变化。因此语言接触是推动语言发展变化的一个重要原因。语言和方言的接触可以分为浅层的接触和深层的接触，浅层的接触指借词和个别语音和语法成分的借用，对乙语言的系统不发生很大的影响，这种负迁移可以发生在单语环境和由单语人实现。从学习来说，主要发生在开始学习和对目的语不熟悉的阶段。深层接触主要指引起语音和语法结构性和系统性变化的影响，深入到语言格局和编码规则。这种接触必定发生在双语环境和由双语人来实现。从学习来说，必定发生在对目的语比较熟悉的阶段；从应用来说，通常发生在语码转换的交流过程中。语言接触本质上是通过语言学习实现的，语言学习是一个经验积累的缓慢过程，在学习一个新的语言时，整个过程都会受到母语负迁移的干扰。从生理上说，大脑存储一个新语言系统时会与旧系统发生相互干扰，有一个从不稳定到稳定的过程；从经验上说，学习是一个漫长的记忆过程，有一个从不巩固到巩固的过程。在这个过程中学习的新语言从不稳定到稳定，从不巩固到巩固，从不标准到标准。这个量变过程形成不同的状态，即不同的稳定、巩固和标准的状态，是一个连续统，在这个连续统没有结束之前，都称为中介语。"中介"是针对从不标准到标准的过程而言的，假设的前提是学习的结果都能达到标准的状态，因此中介语都是不标准、不巩固和不稳定的变化状态，也是一个学习结束时不再存在的状态。

由于一定的原因和相应的条件，这种中介语会发生固化的现象，使一个不标准、不巩固和不稳定的状态固定和巩固下来不再向标准的状态发展，成为标准状态的一个变体，限定使用范围并与标准状态并存并用。中介语固化要具备三个条件：一是具有一定的系统性，不是个别成分的偏误，不标准的情况反映在语音、语法和词汇各个方面；二是使用的范围具有限定性，显示出特殊的功能性；三是使用的人通常是同时使用中介和标准两种形式的双语或双方言人，体现这种中介语的固定性。系统的异化是固化的必要条件，意识和功能的分化才是充足条件。固化的原因比较复杂，涉及民族、宗族、宗教、社群、文化、传统、政治、历史、心理等各个方面，也即由于上述条件形成的一种身份认同。上述的萧普话是因为萧山比周边地区经济略为发达，对周边地区的人使用萧普话显示地区的优越感。长沙的"塑料普通话"使用于本地人之间的交流是出于情感和避免"打官腔"原因。不同地区的回族常常在本民族之间使用与当地汉语略有差别的所谓"回腔"，这是宗教原因的身份认同。四川凉山一带的彝族之间使用一种与当地四川话略为不同的四川话，则是民族的认同。五屯话和倒话同样形成于民族的认同。

固化的中介语虽然是稳定和巩固的变体，却不等于不再发生变化。上述的固化方言和语言，随着社会的发展和全国或地区的强势语言的推广和应用，都会逐步向强势语言或方言靠拢，从而衰退和消失。这种发展趋势和前途决定于固化中介语的社会属性，即产生原因的多样性和不稳定性，使用范围的局限性，缺乏对抗强势语言的能力。世界上只有极少数的克里奥尔语能成为一个国家或民族唯一或独立的语言。随着普通话的推广，西北方言的一些 SOV

语法特点也有所衰减。理解固化中介语的可变性有重要意义,不仅可以使我们深入认识它的性质,还可以研究它的历史,探索它的系统在历史发展中的多元性、多样性和层级性,即在它的发展变化过程中,由于与不同语言和方言的接触,加上自我创新,现实的固化中介语实际上是一个历史积淀的多元层级系统,换句话说是一个不断受到不同语言或方言负迁移影响、向强势语言靠拢和自我创新形成的多元多层的叠加系统。

汉语的西北方言作为一种历史上藏族学习汉语形成的中介语,经过与阿尔泰语言、官话和普通话的接触,形成了今天具有 SOV 型特点的方言。通过与五屯话和倒话的比较,发现有很多共同点,量差大于质差。西北方言内部存在不同地区的差异,这与语言接触有关,是与不同地区的藏语、汉语和阿尔泰语言接触和接触程度不同所造成的。这种地区差异在语音上主要是声调数量不同,在语法上则体现在保留 SOV 型特点和受汉语影响的程度不同。西北方言内部还有"汉腔"和"回腔"的差别,回族使用的"回腔"在一定程度上保留更多一些古老的形式,但两者差别不大。

2. 研究的目标和方法

本文试图探索西北方言语法中的藏语底层,从而说明西北方言起源于藏族学习汉语过程中形成的一种固化的汉语中介语,俗称藏汉语,即藏族之间使用的汉语变体。西北方言作为北方方言或官话的一种,与其他北方方言或官话不仅有语法的差别,语音和词汇也有差别,或者说语音和词汇上同样在一定程度上体现了藏语的影响,比如西北方言的声调有两个调、三个调和四个调三种类型,其中两个调的就明显与藏语的影响有关(中岛幹起,1992)。此外,西北方言中还有不少藏语借词,绝大多数在其他北方方言和官话中是没有的。本文主要讨论语法不涉及语音和词汇,但在语词的构成上有涉及语法的地方,与语法问题一并讨论。

目前研究西北方言语法有三种方式:一是不涉及历史和源流,从共时的角度描写西北方言的语法系统,并适当与其他官话或普通话进行比较以说明特点;二是在共时描写的同时说明一些汉语无法解释的语法结构和成分的来源;三是专门讨论西北方言语法与其他民族语言的接触关系,形成了受汉藏语言和阿尔泰语言影响两种不同的观点。汉藏语言是指属于藏缅语族的藏语,阿尔泰语言是指维吾尔、东乡、撒拉、裕固、土族等语言。我们的研究与第三种研究相近,但目标和方法都不相同。首先,前人的研究从汉语出发,讨论的是其他民族语言对汉语的影响,比如语序和一些语法成分的来源。我们从藏汉中介语出发,探讨的是这种中介语的原型及其变化的过程和原因,出发点不同,讨论的内容和范围也不同;其次,前人的讨论主要是语序和某个语法成分从语音上与哪个民族语言相近或相同,以此求证影响的来源。我们除了探讨这些现象外,主要探讨语法接触和影响中的一种新的方式,即"仿译"方式,就是用目的语的材料翻译母语的语法成分,仿照母语的结构调整和改造目的语的语法结构,形成目的语新的语法结构和形式,创造一种新的编码方式。形式上的对应,有点像借词的音译词,如沙发、咖喱、咖啡之类。仿译方式则有点像借词中的仿译词,如黑板(blackboard)、篮球(basketball)、白领(whitecollar)、草根(grassroots)之类。无论语言或方言的接触和影响都存在这两种方式。比较典型的藏汉接触形成的五屯话和倒话都使用这两种方式。比如:

例一

倒话：　他　　ki　　茶　喝　　的　　有。

藏语[①]：khaɣga　　kə　　tɕa　thoŋ　　kə　　jod.

　　　　他　　施动助词　茶　　喝　　限定助词　有

例二

倒话：　他　　的　　衣裳。

藏语：khəɣga　　kə　　ɣgonɣdʑə.

　　　他　　领属助词　　衣裳

例一中施动助词 ki 采用的是音译方式，即形义同时借入藏语的成分。限定助词则使用仿译方式，以汉语的"的"对译藏语的 kə，明显是错译。这从例二可以得到解释，因为藏语的领属助词与限定助词是同音，发生了不同成分同音同译的错误。错译进一步说明了仿译方式必定出现在双语环境和由双语人实现，因为对目的语语法和语音没有一定的熟悉程度，不可能发生这种由于同音而造成的过度类推错误。同时也说明仿译方式是语法负迁移的一个重要手段，语法深层次的整合。西北方言藏汉的语法深层接触主要是这种仿译的方式。

音译方式易于识别，仿译则比较复杂。藏语与阿尔泰语言同是黏着性质的语言，都是 SOV 的语序，"我吃饭"说成"我饭吃"同样是仿译，即以目的语的成分表达母语的次序。这就很难说是与哪种语言接触造成的结果。我们的原则是：同构同形是接触的有力证据，同构异形能证实是仿译的同样是有力的证据，因为仿译必定是：第一，与母语成分功能相同；第二，与目的语的语法结构和规则相异。如果同构但不同形，又无仿译形式支持的，就不能作为证据与同构同形和同构仿译相提并论。通过这样严格甄别并不是排除与其他语言的接触，西北方言的语言接触是多元的，但初始的底层形式是单一的，而不是多种语言影响而形成的混合系统，只能是单一与藏语接触形成的汉语系统，其他民族语言的影响则是后来对这个中介性汉语系统的影响。因此，识别初始的底层形式只能根据系统内部同一来源成分的数量及其相关的蕴含特征，而不是个别的成分或因素。比如语序来源的识别，并不能只根据宾动的次序，涉及状动、定动、否定成分和其他各种语法成分的次序，只有根据这些与宾动语序相互关联的蕴含语序才能正确判断宾动语序的原始来源。个别成分只说明接触的多元性，只有在系统内部确认一定数量的同构同形和同构仿译的同源成分及其相互关联的蕴含特征，才能确认初始的底层形式。

西北方言的初始藏汉中介语形式由于不断受到其他语言和方言的影响，通过一种西北话无法窥测更多能够确认为固化中介语语法初始状态的现象，不得不从西北方言内部不同地区土语中挑剔历史遗存进行综合的考察和研究。本文只是初步根据藏语与汉语语法深层接触的现象，使用实证的方法，说明西北方言的初始形式是一种固化的藏汉中介语，并不使用构拟的方法拟测这种初始形式的完整语法系统，这不是本文的研究目的。由于本文使用多种西北方言的土语，可能反映了不同的地区和时间层次，因此只是通过藏语和汉语语法的比较择要说明与本文研究目的有关的现象，并不表述这种固化中介语的统一性和完整性。

西北方言的语法结构形成了四个层次：第一，是藏族学习汉语形成的中介语，即原始的底层形式；第二，受阿尔泰语言影响，融入这种中介语中的阿尔泰语言的语法成分和结构；第三，受后来汉族移民官话方言的影响，包括普通话的影响，融入这种中介语的汉语官话和普通话

---

① 藏语指安多方言夏河话。

的成分和结构;第四,西北方言在形成过程中对原来中介语形式的修订和改造,即对融入的藏语、阿尔泰语和汉语官话、普通话成分使用范围和功能的扩展,从性质上说这是创新。我们主要研究第一个层次中介语的现象,在涉及其他三个层次时,只择要简单说明相关情况,不做详细论述,这些方面可参考其他著作。

我们在识别和探索这种藏汉中介语的步骤和原则如下。

第一,西北方言能说,其他官话和普通话不能说的现象;第二,西北方言能说,其他官话和普通话也能说,但意义和功能不同的现象;第三;在寻找同源成分时,首先,必须结构相同、语音、语义相同、功能相同;其次,结构有差异,但语音、语义和功能相同。语音相同是指意译全借的外来成分,语义相同是指使用汉语仿译的成分必须与藏语或阿尔泰语的语义相同,比如藏语表示"一个"的意思,必须使用汉语表示"一个"相等意义的词仿译;第四,由于我们研究的是西北方言底层的特殊性,因此与现代汉语其他地方的官话和普通话相同的部分一律排除在外,作为汉语的共性,不予讨论;第五,甄别汉字不同但语义和功能相同的成分。西北方言由于语音的差别或作者的认识不同,使用不同的汉字表示相同的成分。如下—哈、哈—啊、给—的之类。经识别最后出现四种情况:第一,同构同形同义同功能,即藏汉句子完全对应;第二,同构异形同义同功能,即句子中有的成分是仿译,形式虽然与输出语不同,但结构、意义和功能相同;第三,结构有差异,但同形同义同功能。这是因为后来受到移民官话和普通话影响造成的,这种句子是局部对应,主要是探索同源的语法成分;第四,西北方言内部不同的地方有一些差别,即有的现象这个地方有,其他的地方没有。这种现象说明两个问题:一是这种藏汉中介语在扩散过程中有磨损;二是不同的地方受阿尔泰语言和移民汉语官话和普通话的影响不同,有些底层的现象让阿尔泰语言和汉语覆盖了。本文是对藏汉中介语底层的综合探讨,不再详细说明地方性有无的差别。

本文主要使用临夏话、兰州话、河州话、天水话的语料,临夏话取自兰州大学中文系临夏方言调查研究组、甘肃省临夏州文联《临夏方言》,兰州话取自李炜、石佩璇《兰州方言给予句①中的"给"——兼谈句子给予义的表达》和贾莹《兰州话语法研究》(中国人民大学博士论文),天水话取自王廷贤《天水话里的"给"字句》,河州话取自杜冰心《语言接触引发的语言变化——河州话特殊语法研究》(兰州大学硕士论文),不再注明,使用其他文章的例句则随处说明。藏语是指甘肃和青海两省通行的安多方言夏河话。

3. 语法接触例释

3.1 一个、个

(1) 数量词仿译成语气词

兰州话

这里有一个庙。	这里有个庙。
我有一个朋友。	我有个朋友。
他给我发给了一个证明。	他给我发给了个证明。

"一个"在名词前表示特指数量,"个"表示泛指数量。与其他官话和普通话的意义和功能相同。

藏语特指数量词是 ɣtɕək，泛指数量词是 ɣzək，是两个不同的词。如“这里有一个庙。”“我有一个朋友。”

ndə　na　ɣgonpa　ɣtɕək　jod　kə.
这里　存在助词　庙　一个　有　语气词

ndə　na　gonpa　ɣzək　jod　kə.
这里　存在助词　庙　个　有　语气词

ŋa　rokkwa　ɣtɕək　jod　kə.
我　朋友　一个　有　语气词

ŋa　rokkwa　ɣzək　jod　kə.
我　朋友　个　有　语气词

藏语的 ɣtɕək 和 ɣzək 与兰州话的“一个”和“个”语义相当。

兰州话说“啥一个”，临夏话说“阿一个”，河州话说“啥个(今早我啥个没见)”，藏语说 tɕhə ɣzək(什么 + 个)，同构同义。西北方言这个表达方式显然是仿译的藏语。兰州话这里的“一个”是泛指数量。实际上，兰州话的“一个”在名词前也是既可以表示特指数量，也可以表示泛指数量的，“这里有一个庙”既可以实指“一个”，也可以泛指“一个”。河州话还说“我你说的个有呢。”(我有话对你说。)藏语说：

ŋe　tɕho　a　ɕad　ɣdʑə　ɣzək　jod　kə.　　我你说的个有呢。
我　你　趋向助词　说　的　个　有　语气词

这个 ɣzək(个)是放在名物化的动词后面表示泛指数量。还可以说“我有很多话对你说。”

ŋe　tɕho　a　ɕad　ɣdʑə　maŋŋa　ɣzək　jod　kə.我有很多话对你说。
我　你　趋向助词　说　的　很多　个　有　语气词

这个 ɣzək(个)是放在名物化动词和形容词组成的短语后面表示泛指数量。

兰州话

今个把人挣坏了一个。(今天把人累坏了)

他哈吧来了一个吧。(他可能来了吧。)

他把车子给做坏了一个。(他把自行车给弄坏了。)

我叫给了半天，那还是不去一个。①

这个“一个”放在句末，表示泛指、不经意的一般陈述，是一个语气词。②研究者无法解释这种“一个”的语气词，因为“一个”不是一个词，在其他官话和普通话中也没有拿数量结构做语气词的。把上述四个例句与藏语对照来看，就能知道这个“一个”来源于藏语。

tərəŋ　ŋa　tɕhad　soŋ　ɣzək.　　今个把人挣坏了一个。
今天　我　累　了　语气词

khəga　wəjoŋ　ɣzək　pa.　　他哈吧来了一个吧。
他　来　语气词　语气词

khəgə　ɣkaŋkhor　ɣtɕhak　soŋ　ɣzək.　　他把车子给做坏了一个。
他　自行车　弄坏　了　语气词

ŋi　thaŋ　maŋŋa　ɣzək　wi　ni,
我　次　很多　个　叫　连词
kərga　dawoŋ　ma　soŋ　ɣzək.　　我叫给了半天，那还是不去一个。
他　还是　不　去　语气词

---

① 这种“一个”甘肃临夏的唐汪话也有。如“我衣裳啊买了一个，裤子买了一个。”意思是“我买了衣裳，买了裤子。”没有买了一件衣裳和一条裤子的意思。例见徐丹《唐汪话的格标记》，《中国语文》2011 年第 2 期。

② 有人认为兰州话的这种“一个”还有表示娇嗔、矜持、亲昵、女里女气等做作的“口气”。参见李炜《兰州方言的两种“一个”句》，宁夏大学学报(社会科学版)1988 年第 2 期。

从上例可见，藏语的 ɣzək 有两个意思，一个是泛指数量词，另一个也是表示泛指和不经意的一般陈述语气的语气词，是同音的两个不同的词。藏汉中介语在负迁移仿译时，把语气词的“一个”与泛指数量词混同起来，同音类推，把负迁移的语气词 ɣzək 也仿译成“一个”。“我叫给了半天，那还是不去一个”这个例子的藏语说法中同时出现两个“一个”，前一个 ɣzək 按意义译成对应的泛指数量词，后一个则因为语气词与数量词同音，错译成了数量词。这种错译进一步证实了藏汉中介语中藏语成分的负迁移。这种“一个”显然属于藏汉中介语的底层形式。

兰州话在发展过程中，“一个”这种表达语气的用法无论在形式和功能上都有所扩展。比如：

你是好人一个。 你好人一个。 好人一个。 你去不去一个？
这是书一个。 这书一个。 书一个。 我们下个馆子去哩一个。
那是桌子一个。 那桌子一个。 桌子一个。 这个字怎么写着哩一个？

这些表达方式藏语和汉语中都不能说，是藏汉中介语底层形式“一个”后来在使用过程中的发展，属创新层次。

(2) 关联助词音译成数量词

临夏话

我们黄酒喝个走。(我们去喝黄酒。)

上完课，篮球打个来。(上完课，来打篮球。)

你再临夏来时我们家里要浪个来呢。(你再来临夏来时，到我们家来玩。)

临夏话这个放在动词“来、去”前面的“个”既没有其他官话和普通话中数量的意思，也没有像普通话里“写个字”、“喝个酒”中随便、轻快的意思。这种“动 + 个 + 动”的格式，在临夏话中第二个动词是受限的。这种格式与藏语相同。上面第一、二个例句用藏语说如下：

ŋətɕho tɕhaŋ thoŋ kə ndʑo. 我们黄酒喝个走。
我们 酒 喝 限定助词 去

ɬopdʑoŋ tshar soŋ na, lantɕhu ɣdʑak kə ɕok. 上完课，篮球打个来。
学习 完 了 如果 篮球 打 限定助词 来(祈使)

藏语“来、去”动词与前面作为目标、目的的动词连用时，中间要加一个限定助词，表明两个动词之间的关系，即后面的动词是主要动词，前面的动词对后面的动词起限定的作用，相当于状语的功能。①这个限定助词是 kə，与汉语的“个”音相似，②于是藏汉中介语采取音译的方式将藏语的成分负迁移到汉语中。这也属于藏汉中介语的底层形式。

3.2 动词+给

兰州话

(1) 我给他卖给一斤果子。(我卖给他一斤水果/我卖一斤水果给他。)
他给我发给了一个证明。(他给我发了一个证明/他发了一个证明给我。)

---

① 瞿霭堂，劲松. 藏语多动词谓语句的认知基础和模块化[J]. 民族语文，2018(5).

② 在甘肃临夏唐汪话中“老师 ama 浪给去寨(老师让我们去逛逛。)”中写成“给”，也是舌根音。例见徐丹. 唐汪话的格标记[J]. 中国语文，2011(2).

他给我偷给了一个凳子。（他给我偷了一个凳子/他偷了一个凳子给我。）

我给你们炒给一碟子菜。（我给你们炒一盘菜/我炒一盘菜给你们。）

(2) 这个事我就给你靠给了。（这件事我就靠你了。）

这两个吵给了一辈子。（这两人吵了一辈子。）

那吃给了两碗，还吃着呢。（他吃了两碗，还在吃。）

苦给了一天，连饭钱都挣不上。（累了一天，连饭钱都挣不上。）

(3) 茶泡好了，把奶子加给。（茶泡好了，加上牛奶！）

汤里头盐放给。（往汤里放盐！）

柜子高头还有些地方，价语气词放给。（柜子上面还有些地方，放上去！）

报名的时候把我填给。（报名的时候把我填上！）

天水话

你把钱给给歪。（你把钱给他。）

你把钱给歪给给。（你把钱给他。）

你把钱给歪给给给。（你把钱给他。）

给给给给了。（把钱给他了。）

宁夏话

给我给一碗水。（给我一碗水。）

给给我一碗水。（给我一碗水。）

你不要了就给我给！（你不要了就给我！）

你不要了就给给我给！（你不要了就给我！）

现代汉语普通话里放在动词后面的“给”是介词，“寄给我一封信”“发给我一套衣服”之类，起引介接受者的作用，等同于“给我寄一封信”和“给我发一套衣服”。据近人研究，通过与方言和文献的比较，最初的形式是“寄一封信给我”和“发一套衣服给我”，“给我”移到动词前面是受阿尔泰语言的影响。（李炜、石佩璇，2017）其实，藏语与阿尔泰语言一样都是SOV型的黏着类型语言，这类动词引介的接受者后面都有标记，都放在动词前面。上文兰州话例(1)中的各句都把受事或与事者用介词“给”提到动词前面，是为了适应SOV型语言要把动词放在最后的结构需要和习惯。但在普通话中“动 + 给 + 与事”的句子，与事用介词“给”提到动词前面时，动词后就不能再有“给”了。从我们的立场出发，这类句子如果受其他语言的影响形成的话，应该是受藏语的影响。但无论受哪种语言的影响，还在汉语自身的发展变化范围之内，这些句子中的“卖给”“发给”除了整个句子结构有变化外，其中的“给”与普通话的用法和功能相同，属于汉语，与语言接触无关。其中的“偷给”“炒给”这种搭配普通话不使用，是兰州话对这类“给”字结构用法的扩展，因为在语义和功能上与“卖给”“发给”是一样的。

兰州话例(2)(3)中动词后的“给”不起引介的作用，在普通话中是多余的成分。按我们上述识别的原则，凡是与官话或普通话不同的就需要考虑语言接触和影响。我们认为这个“给”是藏语 taŋ（ɣtoŋ未然 taŋ已然 thoŋ命令）的仿译。藏语这个动词有“放、给、做”等意义。如 ɣtɕinpa ɣtoŋ“发放布施”、ɣda ɣtoŋ“通知”、ɬopso ɣtoŋ“施教”等。藏语口语中已然形式的 taŋ 已经语法化，成为一个辅助动词，加在及物动词或自主动词的后面表示完成的意思。如：

ŋe sama se tanŋ. “我吃饭了。”
我 饭 吃 了(给)

ŋe tɕa thoŋ taŋ. “我喝茶了。”
我 茶 喝 了(给)

ŋa ȵa taŋ. “我睡了。”
我 睡 了(给)

由于这个“给”仿译的是藏语动词的已然形式，藏汉中介语中的这个“给”主要使用于完成和使完成(祈使)的意思，在表示完成意义时常常后面再加一个汉语的“了”。这样上面(2)、(3)的例子就好解释了。试比较“那吃给了两碗，还吃着呢。”“苦给了一天，连饭钱都挣不上。”“茶泡好了，把奶子加给!”“汤里头盐放给!”。

khəgə kawu ɣȵi se taŋ ni tawoŋ sa kə jod kə.
他 碗 两 吃 了(给) 连词 还 吃 时态助词 辅助动词 语气词

ȵima ɣtɕik ɣdəkŋal je taŋ ni sama saɣdʑu toŋtshe ra ma rak zək.
天 一 辛苦 做 了(给) 连词 饭 吃的 钱 也 没有 得到 语气词

tɕa ɣze taŋ ，oma ɣlək ka thoŋ!
茶 做 了(给) 牛奶 倒 名物化助词 给、放(祈使式)

xhakhu naŋ ŋa tsha ɣzok ka thoŋ!
肉汤 里 趋向助词 盐 放 名物化助词 给、放(祈使式)

西北方言的给字句由于语序的变化，常常造成汉语成分和藏语仿译成分识别的困难。其实换个动词试试，就容易判断。比如天水话“给给歪”“给歪给给”，换成“借给歪”“给歪借给”，就可知道这种句子里的第二个“给”与上述兰州话例(1)是一样的，属于一般汉语，与藏语仿译无关。只有出现第三、第四个“给”时才是仿译，如“你把钱给歪给给给”“给给给给了”。换个动词就更清楚：“你把钱给歪借给给”“给借给给了”。四个给连用是第一个给后面省略了一个对象“歪”。

3.3 啦、哈

西北方言中“啦、哈”是宾语的标记，指示前面的名词或名词词组是动作的受事或与事。这是官话和普通话所没有的语法成分。由于不同地方发音的差异，也有写成“啊”的。这个“啊”在与开音节代词连用时，发生语音的简缩变化，比如 ŋə(我)变 ŋa，ȵi(你)变 ȵia 之类，有人认为是代词“格”的形态变化，实际上与儿化现象一样，只是语音的简缩变化，可以分析的。这种现象本文不再讨论和说明。“哈”在西北方言中还可以放在句中和句末表示强调的语气词，由于与本文讨论的问题无关，这里也不予讨论。

临夏话：

(1) 我有个尕话你啦说的下。 (我有点儿话同你说。)
我你啦商量的下。 (我与你商量下)
我你啦说下的话别人哈不要说。 (我对你说的话不要对别人说。)
你啦说话是顶如牛啦弹琴。 (对你说话就像对牛弹琴。)
你火哈加着旺旺的。 (你把火生得旺旺的。)
我哈他叫来了。 (他把我叫来了。)
我他哈叫来了。 (我把他叫来了。)
你饭哈吃。 (你吃饭。)

我学生哈不是。　　　　　　　　　　（我不是学生。）
我你啊想得凶。　　　　　　　　　　（我非常想你。）
我你啊糊涂想。　　　　　　　　　　（我非常想你。）
（2）他我啦模样像哩。　　　　　　（他与我长得像哩。）
我你啦无仇。　　　　　　　　　　　（我与你无仇。）
我的弟弟他的哥啦同学不是。　　　　（我的弟弟与他哥哥不是同学。）
如今从前啦不一样了。　　　　　　　（现在和以前不一样了。）

从资料上看，例（1）表示受事和与事的标记"啦"是音译自藏语的 la，"哈"是音译自维吾尔语的 ʁa。这两个标记是混用的，有时一句句子中同时出现。从使用的频率来看，使用"哈"的多，应该说这个语法成分源自两种语言，都是语法深层接触的结果。从功能来说，藏语非生物的直接宾语一般不加这个标记。从语音上说，"啊"是从"啦"还是"哈"变来的不好说，藏语只在开音节后面时"啦"才变读成"啊"。从"哈"使用的频率高看，应该从"哈"变来的可能性更大。试比较：

ŋe tɕho a(<la) ɣkatɕha ɣzək ɕad la.　　　我有个尕话你啦说的下。
我 你 受事助词 话 个 说 语气词

ŋe tɕho a(<la) ɕadnu ɣkatɕha ɣʑan na(<la) ma ɕad!
我 你 受事助词 说的 话 别人 受事助词 别 说

我你啦说下的话别人哈不要说！

ŋe sama sa.我吃饭。　　　　　　ŋa ɬopma ma red.我不是学生。
我 饭 吃　　　　　　　　　　　我 学生 不 是

例（1）和例（2）的"啦"是两个不同的语法成分。例（2）的"啦"音译自藏语的 ra，意思与汉语介词"跟、和、与"相同，只是放在所介引的词后面，西北方言也放在所介引的词后面，与藏语语序相同。试比较：

khəga ŋa ra ndʐa kə.　　　　　他我啦模样像哩。
他 我 与 一样 语气词

ŋa tɕho ra ɣdʑaja ma red.　　　我你啦无仇。
我 你 与 敌人 不 是

teraŋ ɣŋəna ra mə ndʐa kə.　　如今从前啦不一样了。
今天 以前 与 不 一样 语气词

从上例可见，"啦"作为受事和与事的标记和后置的介词，都是通过音译的方式直接借自藏语相同的语法成分 la 或 ra，应属于藏汉中介语的底层形式。

3.4 语序

藏语属于 SOV 型结构，动词在宾语的后面，西北方言大多句子依然使用这种语序，保留 SOV 型结构，这种语序应是藏汉中介语的底层形式，由于后来汉语语序的影响，SOV 和 SVO 两种语序并存并用，为了适应 SOV 语序西北方言出现大量使用"把"和"给"这类介词把宾语提到动词前面。其中很多"把"和"给"字句在其他地方的官话和普通话中是不能说的。西北方言与藏语一样，由于间接宾语上有标记，与直接宾语不会混淆，语序比较自由，如临夏话：

你尕王哈兀个事情说给。　　　　你兀个事情尕王哈说给。
你尕王哈说给兀个事情。　　　　尕王哈兀个事情你说给。

尕王哈你几个事情说给。　　几个事情尕王哈你说给。

几个事情你尕王哈说给。

其他例见上文，不重复。由于藏语和阿尔泰语言都是 SOV 语序，要识别底层的形式还要进一步考察 SOV 语序所蕴含的其他相应的语序。

(1) 介词后置。如上文“如今从前啦不一样了。”

(2) 表示“一个”的数量词后置。如“啥一个”“谁一个”“阿一个”“什么个”。

(3) 引述别人的话语或表示“不肯定”、“听说”等意思的引述语藏语使用“说”放在句末表示，西北方言也一样。如：

河州话

他今天没功夫 ʂʅ。　　（他说今天没有时间。）
他自己来哩 ʂʅ。　　（他说他自己要来。）
明天下雨哩 ʂʅ。　　（听说明天要下雨。）
好好地玩几天哩 ʂʅ。　　（要好好地玩几天呢。）

也有地方说：

快饭吃呢说着(/摘)　　（快要吃饭了。）
客人快来呢说着(/摘)　　（听说客人快要来了。）

临夏话

他的事我已说了所。
我吃了所。
天晴了所。
上海他去过了所。　　（他去过上海。）
几个们说黑饭吃过了所。　　（那些人说他们吃过晚饭了。）

ʂʅ 和“所”应该都是汉语“说”的变音。试比较：

khəga khompa med ɣzer kə.　　他今天没功夫 ʂʅ。
他　空　没有　说　语气词

ŋaŋkha nam mbap ɣzer kə.　　明天下雨哩 ʂʅ。
明天　下雨　说　语气词

ŋe se ʦhar ɣzer kə.　　我吃了所。
我　吃　完　说　语气词

(4) 助动词“要”放在主要动词后面。

河州话

再快一些走的要哩。　　（再要快点去。）
医院里去的要哩。　　（要去医院呢。）
招呼的要哩。　　（要打个招呼。）
头发长着理的要哩。　　（头发长了要理发呢。）

试比较：

rempa nʥo ɣgo kə.　　再快一些走的要哩。
快些　走　要　语气词

ɣmankhaŋ naŋ ŋa nʥo ɣgo kə.　　医院里去的要哩。
医院　里　趋向助词　去　要　语气词

ɣʨa raŋ soŋ ɣjar ɣgo kə.　　头发长着理的要哩。
头发　长　了　剪　要　语气词

(5) 否定词直接放在动词前。

兰州话

给我章子不盖给。　　（他不给我盖章。）

年轻人好好不干活。　　（他不好好干活。）

那把我不放着眼里。　　（他不把我放在眼里。）

我给那没说。　　（我没给他说。）

我把这个材料没交上去。　　（我没把材料交上去。）

试比较：

sarə kə ɕawa hərʦon mə jed kə.　　年轻人好好不干活。
年轻人 施动助词 工作 努力 不 做 语气词

ŋa a thi mə ɣʥak kə.　　给我章子不盖给。
我 趋向助词 图章 不 盖 语气词

ŋe khəga a ma ɕad.　　我给那没说。
我 他 趋向助词 没有 说

ŋe jəkʨha ndə jar ra ma ɕən.　　我把这个材料没交上去。
我 材料 这 上 趋向助词 没有 给

(6) 表示趋向的动词“去、来”加在主要动词后面。现代汉语中“去、来”放在动词前面或后面都表示动作的趋向或动作实施的要求，都不是主要动词。藏语里则只表示动作的趋向，而且是主要动词。有些看似相同的句子，意义与现代汉语不同，或者现代汉语根本不能说。

临夏话

我电影子看来来呢。　　（我来看电影）

尕娃们买来。　　（孩子们来买。）

赶紧吃来。　　（赶快来吃）

试比较：

ŋa ɣlokɣɳan ɣta kə joŋ ne.　　我电影子看来来呢。
我 电影 看 限定助词 来 语气词

ɕajiʨho ɳo kə ɕok!　　尕娃们买来！
孩子们 买 限定助词 来(命令式)

rempa sa kə cok!　　赶紧吃来。
赶快 吃 限定助词 来(命令式)

从上例可见，“看来来”“买来”“吃来”现代汉语只能说“来看”“来买”和“来吃”。西北方言的 SOV 语序还蕴含着上述其他与藏语相同的各种语序，可以判断 SOV 语序是藏汉中介语的底层形式。

3.5　不是、吗、ʐa

(1) 不是

兰州话

我还是早些回，不是，我妈着急呢。（我还是早些回来，否则妈妈会着急的。）

你幸亏跑得快，不是，车把你碰给呢。（你幸亏跑得快，不然就被车撞了。）

你赶紧睡，不是，明个早上瞌睡呢。（你赶紧睡，不然明早会困倦的。）

试比较：“你赶紧睡，不然明早会困倦的。”“我不去，不然你就不会来了。”

tɕho rempa ŋ̥a a thoŋ, mənna naŋkha ɣȵədkhu ɣdʑə red.
你 快快 睡 名物化助词 给、放(祈使式) 不是 明天 困倦 时态助词 辅助动词

ŋa mə ndʑo, mənna tɕho joŋ ɣdʑə ma red.
我 不 去 不是 你 来 时态助词 不 辅助动词

这种转折句与藏语结构相同，“不是”作为转折连词是仿译藏语的 mənna。

(2) 吗

兰州话

你去吗不去？ (你去不去？)

你抽烟吗不抽？ (你抽不抽烟？)

你的娃管吗不管？ (你管不管孩子？)

试比较：

tɕho ndʑo ne mə ndʑo? 你去吗不去？
你 去 吗 不 去

tɕho to then ne mə then? 你抽烟吗不抽？
你 烟 抽 吗 不 抽

这种问句的表达方式与藏语结构相同，“吗”是仿译自藏语的语气词 ne。

(3) ʐa

临夏话

你坐 ʐa。 (你坐！)

你茶喝个 ʐa。 (你喝茶！)

你不要客气 ʐa。 (你不要客气)

试比较：

tɕho ɣdod ra! 你坐 ʐa！
你 坐 语气词(祈使)

tɕho tɕa thoŋ ra! 你茶喝个 ʐa！
你 茶 喝 语气词(祈使)

tɕho tɕham ma jed ra! 你不要客气 ʐa！
你 客气 不 做 语气词(祈使)

这个祈使语气词 ʐa 是音译藏语的祈使语气词 ra。

3.6 们、收

(1) 们

在西北方言里“们”使用的范围比现代汉语大得多。如牛们、羊们、庄稼们、饭们、菜们、车子们、空气们，这个们、兀个们、那个们等，有生物和无生物都可以用，这与藏语一样。

(2) 收

兰州话

你看你那个吃收，吧唧吧唧的，让人笑话呢。(你看你吃的那个样子，吧唧吧唧的，让人笑话呢。)

你看这个人的走收，将个半蔫汉曼。(你看这个人走的样子，好像半身不遂的人。)

那喝开酒了那个喝收把人吓坏呢。(他喝起酒来那个样子把人吓坏呢。)

这个“收”可能来自藏文表示习惯、风俗意思的 srol，安多方言读作 ʂo，应是对藏语的音译。

4. 余 论

通过对西北方言各地的考察和探讨，可以确认藏语语法对西北方言的影响是系统和深层的，西北方言是藏族学习汉语时形成的一种中介性的汉语，我们称之为藏汉中介语。这种中介汉语首先使用于藏族之间，后来逐渐成为地区性的共同方言。西北方言在形成过程中，不仅受到藏语语法的深层影响，同样也受到阿尔泰语言语法的深层影响，还受到官话和普通话的影响，加上本身使用和发展中的创新，现代西北方言应该是一种具有混合性质的方言。这种混合的方式与倒话一样，在语法结构上保留了 SOV 型语言的特点，在语法成分上都采用音译和仿译方式借入藏语、阿尔泰语的相关成分，只是混合的程度低于倒话，而且倒话只与藏语发生关系，西北方言除了与藏语还与其他语言和方言发生关系，情况要比倒话复杂得多。认为西北方言只受阿尔泰语言影响的研究者常常只考虑同构，不重视形式，即语法成分形式上的对应。由于藏语和阿尔泰语言都是 SOV 型语言，无论语序和语法成分的位置和功能大多是相同的，不考虑形式很难确认是受藏语还是阿尔泰语的影响。特别阿尔泰语的语法成分大多是多音节的，无论是音译还是仿译融入汉语，不如藏语和汉语单音节语素的对应明显和易于识别。当然，阿尔泰语言对西北方言的影响也是无疑的，有些问题如表示工具的助词“啦”明显是受土族语言的影响，只是不在本文讨论范围之内，没有阐述而已。有些研究认为“这搭、那搭”中表示从由意义的“搭”也是来源于阿尔泰语，似值得考虑，因为这种读音的词，在吴语里也有，意义也相同。此外，西北方言中的语法特点还很多，比如“着”、“是”、把字句、给字句等等都有明显的特点，很值得进一步研究，有待发现更多的语言接触现象。

本文只是想通过探索汉语西北方言由于语言接触形成的汉语中介语底层，说明语言接触中的一些共同性和值得进一步探讨的理论问题。

1. 语言的接触有浅层和深层的差别。无论浅层或深层都涉及语音、语法、词汇和语义各个语言系统要素。特别是语法的深层接触，不仅影响到语言的结构和系统，甚至能形成混合的语言。

2. 语言负迁移的深度只从语言结构的语序类型来考虑是不够的，因为同类型语言的语序和语法成分的位置和功能大多是相同或相仿的。同构只能反映类型关系，不能表达历史关系，只有同构同形同义才能体现结构和系统的关系，追溯历史的渊源。

3. 语言的接触是复杂的，一种语言由于接触发生的变化不一定是单一而可以是多元来源。

4. 语言接触产生的深层影响必定发生于双语人或双语制社会，这种深层的影响产生于语言交际过程之中。

5. 语言接触过程中的深层影响虽然是双向的，但有主次，主要发生于母语对目的语的负迁移。

6. 任何语言接触的负迁移都是从偏误开始，经过不同程度的中介语阶段，逐渐向正确的目的语靠拢，达到正确或比较正确的目的语。负迁移可以直接从母语以音译的方式复制到目的语，也可以使用目的语的材料以仿译的方式将母语的要素和成分移植到目的语中。仿译的成分必定是目的语中没有的成分，在语序、语义和功能上与母语基本对应。在负迁移过程中，无论音译和仿译都会发生同音类推的错译，这种现象能进一步说明和证实接触的深度。

7. 语言接触的中介语阶段是一个动态的过程,但可以停止不再向目的语靠拢,成为固化的中介语,形成目的语的一种变体。

8. 固化的中介语不仅具有系统性和固定性,即与目的语有明显的差别性,而且有目的性,即认同性,换句话说,这个固化的中介语开始都是只使用于一定的群体,再扩展和传布到全社会,成为一种独立的语言或方言变体。

9. 固化中介语形成有民族、宗族、宗教、社群、文化、传统、政治、历史、心理等各种原因,一般来说,与使用的人数和频率有关系,但没有必然的关系。

10. 任何语言和方言内部不同地区或群体之间都会有一定的差别,这种差别既可能体现母语与目的语之间负迁移的不同关系和程度,也不能排除相互之间的影响。

本文只是对汉语西北方言形成的一个初步的探索,由于只涉及语法,没有讨论语音和词汇,如果进一步从语音和词汇方面加以考察,会发现更多与藏语的关系。这方面已经有研究,只是缺乏全面和综合的考察。研究藏语和阿尔泰语言的学者不一定研究西北方言,研究西北方言的学者则不一定研究藏语和阿尔泰语言,这正是深入研究西北方言有待解决的问题。

参考文献

劲松.中介语“僵化”的语言学意义[J].民族语文,2004(2).

兰州大学中文系临夏方言调查研究组、甘肃省临夏州文联.临夏方言[M].兰州:兰州大学出版社,1996.

李炜,石佩璇.从给予句S2、S3的选择看汉语语法地域类型差异[J].中国语文,2017(6).

李炜,石佩璇.兰州方言给予句中的“给”——兼谈句子给予义的表达[J].兰州大学学报(社会科学版),1987(3).

李炜.甘肃临夏一带方言的后置词“哈”“啦”[J].中国语文,1993(6).

李炜.兰州方言的两种“一个”句[J].宁夏大学学报(社会科学版),1988(2).

雒鹏.河州话语法——语言接触的结果[J].西北大学学报,2004(4).

马企平.临夏方言语法初探[J].兰州学刊,1984(1).

马树钧.汉语河州话与阿勒泰语言[J].民族语文,1984(2).

马树钧.临夏话中的“名词+哈”结构[J].中国语文,1982(1).

瞿霭堂,劲松.藏语多动词谓语句的认知基础和模块化[J].民族语文,2018(5).

瞿霭堂.语言关系研究中的一些理论问题[J].民族语文,1991(4).

王森、王毅.北京话的V+给— 兼及甘宁青新方言的相关句式[J].中国语文,2003(5).

王森.甘肃临夏话作补语的“下”[J].中国语文,1983(5).

王森.临夏方言“是”字的用法[J].方言,1991(3).

王森.临夏话中一种特殊的“名(代)—动”句式[J].中国语言天地,1989(6).

王双成.西宁方言的介词类型[J].中国语文,2012(5).

徐丹.唐汪话的格标记[J].中国语文,2011(2).

意西微拉·阿错.倒话研究[M].北京:民族出版社,2004.

张成村.青海省汉语方言的分区[J].方言,1984(3).

中岛幹起.甘肃汉语方言的特点——关于夏河(拉卜楞)话的语言接触[J].中国境内语言暨语言学,1992(1).

西北方言中古精庄知章组声母的今读类型与发展演变*

浙江大学　庄初升　香港中文大学　万　波

内容提要　西北地域辽阔，汉语方言复杂，本文的“西北方言”专指西北晋语和官话。从今读类型及《中国语言地图集》的划分来看，西北方言中古精庄知章组声母的今读多属两分类型，陕北晋语和中原官话属于“昌徐型”，少数中原官话属于“济南型”；兰银官话既有“济南型”“南京型”，也有“昌徐型”；江淮官话和西南官话属于“南京型”。从历史来源看，“昌徐型”“济南型”都与《中原音韵》一脉相承，更早的源头至少可以追溯到宋初的《尔雅音图》；“南京型”则由《蒙古字韵》《古今韵会举要》之类的韵书所代表的音系发展演变而来。本文还讨论了“昌徐型”和“济南型”的各个变异类型之间的历史层次关系以及发展演变过程。

关键词　西北方言；官话；晋语；古精庄知章组声母；历史音韵

引　言

古精庄知章组声母在现代汉语方言中语音形式歧异，分合类型复杂，历史层次丰富，向来为汉语方言学者所瞩目。其今读类型及其所反映的历史层次不但是汉语方言分区的重要标准，也是考察各方言历史演变和相互关系的重要视角。近几十年来，随着方言调查和历史音韵研究的不断深入，相关成果越来越丰富，尤其是电子数据库技术的运用，使我们有可能对汉语方言古精庄知章组声母的读音类型和演变层次做一贯通南北古今的考察研究。本文就是这项研究计划的一部分，讨论西北方言中古精庄知章组声母的今读类型与发展演变。

我国的西北地区一般指新疆维吾尔自治区、宁夏回族自治区和青海、甘肃、陕西三省。西北地域辽阔，汉语方言复杂。根据《中国语言地图集》，西北地区的汉语方言包括陕北晋语、中原官话、兰银官话、西南官话和北京官话。此外，据张成材（1990）、郭沈青（2004，2007，2008）、邢向东、郭沈青（2005）、周政（2006）、邢向东（2007）、周政、戴承元（2015），除了上述之外陕西南部地区还分布着江淮官话和客家、赣、湘方言岛等。本文所言“西北方言”专指西北的晋语和官话①，不包括陕南地区以方言岛形态分布的客家方言、赣方言和湘方言。

1. 西北方言中古精庄知章组声母的今读类型

西北方言中古精庄知章组声母的今读多为 ʦ、tʂ 两分类型。熊正辉（1990：5）根据古知庄

*　本文为万波主持之香港特区政府研究资助局优配研究金资助研究计划“汉语方言中古知庄章精组声母的今读类型与历史层次研究”（CUHK451408）的研究成果之一。

①　分布在新疆北部的北京官话北疆片因为完整的语音材料比较罕见，本文暂不列入讨论。

章三组字哪些字读 ʦ 组，哪些字读 tʂ 组，把官话区分 ʦ、tʂ 的方言归纳为三类：一是“济南型”，以济南话为代表，古知庄章组今全读 tʂ 组，没有例外。二是“昌徐型”，以昌黎话和徐州话为代表，今读开口呼的字，古知组二等、庄组读 ʦ 组，知组三等读 tʂ 组，章组除止摄开口三等读 ts 组，其他全读 tʂ 组；今读合口呼的字，有的如徐州话全读 tʂ 组，有的如陕西商县（张家塬）话全读 ʦ 组。三是“南京型”，以南京话为代表，古庄组三等除了止摄合口和宕摄今读 tʂ 组，其他全读 ʦ 组；其他知庄章组除了梗摄二等今读 ʦ 组，其他全读 tʂ 组。从整体上看，西北方言中古庄知章组声母的今读类型大体上也可以归纳为上述三种类型，为了便于比较，本文将古精组的今读一并加以考察（精组逢细音今读 ʨ 组除外）。下面先列举最为常见的“昌徐型”（类型 A），再列举“济南型”（类型 B）和“南京型”（类型 C）。下文古精庄知章组的例字及昌黎、徐州、济南、南京的读音依照熊正辉（1990），只是顺序作了一些调整，其中，“资租”是精组字，“炒双刷省策所师瘦初帅床涩”是庄组字，“茶泽罩撞桌”是知组二等字，“知猪追”是知组三等字，“诗世书水”是章组字。所引用的方言文献中若上述例字的个别字读音阙如，则尽量用相关的字音代替。

1.1 类型 A:“昌徐型”

“昌徐型”内部纷繁差异，包括典型的“昌徐型”A0，其中又有 A01 和 A02 之别；以及变异的“昌徐型”A1、A2，A1、A2 还各有不同的次类型。

1.1.1 类型 A0

典型的“昌徐型”A0，其中又有 A01 和 A02 之别，古音知庄章今读合口呼的字，如徐州话全读 tʂ 组，称为 A01 类型；如上述陕西商县（张家塬）话以及下面要涉及的吴堡话全读 ʦ 组，称为 A02 类型。

1.1.1.1 类型 A01

西北方言中属于典型的“昌徐型”A01 的方言如陕西神木老派（邢向东 2002）、绥德（黑维强 2016）、宝鸡（郭沈青 2001）、扶风（毋效智 1997）、岐山（吴媛、韩宝育 2016），宁夏海原（曹强 2006），甘肃敦煌（刘伶 1988）、民勤（吴开华 2009），新疆焉耆（刘俐李 1988）、乌鲁木齐（周磊 1995），与徐州基本一致。参见下表（原语音材料若是标调值，本文一般都折合为调类符号①，下同）：

	资	租	炒	双②	刷	省	策	所	师
徐州	꜀ʦɿ	꜀ʦu	꜂ʦʰɔ	꜀ʂuɑŋ	꜀ʂuɑ	꜂səŋ	꜀ʦʰe	꜂ʂuə	꜀sɿ
神木老派	꜀ʦɿ	꜀ʦu	꜀ʦʰɔ	꜀ʂuɑ̃	ʂua꜄	꜀sɤ̃	ʦʰəʔ꜆	꜀ʂuo	꜀sɿ
绥德	꜀ʦɿ	꜀ʦu	꜀ʦʰɔ	꜀ʂuɑ̃	꜁ʂua	꜀sɤ̃	꜁ʦʰə	꜀ʂuo ꜀suo	꜀sɿ

① 据邢向东（2002），神木老派有阳平、阴平上、去声和入声四个调，其中阴平上来自古清平、清上和次浊上，本文用꜀□表示其调类。绥德类此。本文涉及的方言点还有所谓的阳平上调，如乌鲁木齐（周磊 1995 称之为阳平，董印其 2016 则称之为阳平上）、张掖，则用꜀□表示其调类。另外，如古清平、浊平合流为平声者，如敦煌、焉耆、吐鲁番，则用꜀□表示其调类。

② “双”字西北方言中常常有平声、去声两读，后者用于“双生”等词，本文一般只录平声的读音。

续表

宝鸡	꜀ʦɿ	꜀ʦu	꜂ʦʰau	꜀ʂaŋ	涮 ʂan꜄	꜂səŋ	꜀ʦʰei		꜀sɿ
扶风	꜀ʦɿ	꜀ʦu	꜂ʦʰɑu	꜀ʂɑŋ	꜀ʂA ꜁ʂA	꜂səŋ	꜀ʦʰei	꜂ʂuo	꜀sɿ
岐山	꜀ʦɿ	꜀ʦu	꜂ʦʰɔ	꜀ʂɑŋ	꜀ʂA	꜂səŋ	꜀ʦʰei	꜂ʂuo	꜀sɿ
海原	꜀ʦɿ	꜀ʦu	꜂ʦʰaɔ	꜀ʂuɑŋ	꜀ʂua	꜂səŋ	꜀ʦʰei	꜂suə	꜀sɿ
敦煌	꜀ʦɿ	꜀ʦu	꜂ʦʰɔ	꜀ʂuɔ̃	ʂua꜄	꜂ʂə̃	ʦʰə꜄	꜂suə	꜀sɿ
焉耆	꜀ʦɿ	꜀ʦu	꜂ʦʰɔ	꜀ʂuaɣ̃	꜀ʂua	꜂səŋ	꜀ʦʰei	꜂suo	꜀sɿ
乌鲁木齐	꜀ʦɿ	꜀ʦu	꜁ʦʰɔ	꜀ʂuɑŋ ꜀fɑŋ	ʂua꜄	꜁sɤŋ	ʦʰɤ꜄	꜁suɤ	꜀sɿ
	瘦	初	帅	床	涩	茶	泽	罩	撞
徐州	sou꜄	꜀tʂʰu	ʂuɛ꜄	꜁tʂʰuɑŋ	꜀se	꜁ʦʰɑ	꜁ʦe	ʦɔ꜄	tʂuɑŋ꜄
神木老派	səu꜄	꜀tʂʰuo	ʂuE꜄	꜁tʂʰuɑ̃	səʔ꜇	꜁ʦʰa	ʦəʔ꜇	ʦɔ꜄	꜀tʂʰuɑ̃꜄
绥德	səu꜄	꜀tʂʰuo	ʂuai꜄	꜁tʂʰuɑ̃	꜁sə	꜁ʦʰa	꜁ʦə	ʦɔ꜄	tʂʰuɑ̃꜄
宝鸡	sou꜄	꜀tʂʰʅ	衰꜀ʂai	꜁tʂʰaŋ	꜀sei	꜁ʦʰA	꜁ʦei	ʦau꜄	tʂʰaŋ꜄
扶风	sou꜄	꜀tʂʰʅ	ʂai꜄	꜁tʂʰɑŋ	꜀s(阴平)	꜁ʦʰA	꜁ʦei	ʦɑu꜄	tʂʰɑŋ꜄
岐山	sou꜄	꜀tʂʰʅ	ʂE꜄	꜁tʂʰɑŋ	꜀sei	꜁ʦʰA	꜁ʦei	ʦɔ꜄	tʂʰɑŋ꜄ tʂɑŋ꜄
海原	səu꜄	꜀tʂʰu	ʂuai꜄	꜁tʂʰuɑŋ	꜀sei	꜁ʦʰa	꜁ʦei	ʦaɔ꜄	tʂʰuɑŋ꜄ tʂuɑŋ꜄
敦煌	sou꜄	꜀tʂʰu	ʂuɛ꜄	꜀tʂʰuɔ̃	sei꜄	꜀ʦʰa	꜀ʦə ꜀ʦei	ʦɔ꜄	tʂuɔ̃꜄
焉耆	sou꜄	꜀tʂʰu	ʂuɛ꜄	꜀tʂʰuaɣ̃	꜀sei	꜀ʦʰa	꜀ʦei	ʦɔ꜄	tʂuaɣ̃꜄
乌鲁木齐	sɤu꜄	꜀tʂʰu	ʂuai꜄	꜁tʂʰuɑŋ	꜀sei	꜁ʦʰa	拆 ꜀ʦʰei	ʦɔ꜄	tʂʰuɑŋ꜄

	桌	知	猪	追	诗	世	书	水
徐州	꜀tʂuə	꜀tʂʅ	꜀tʂu	꜀tʂue	꜀sɿ	ʂʅ꜄	꜀ʂu	꜂ʂue
神木老派	tʂuəʔ꜇	꜀tʂʅ	꜀tʂu	꜀tʂuei	꜀sɿ	ʂʅ꜄	꜀ʂu	꜀ʂuei
绥德	꜁tʂuo	꜀tʂʅ	꜀tʂu	꜀tʂuei	꜀sɿ	ʂʅ꜄	꜀ʂu	꜀ʂuei

续表

	桌	知	猪	追	诗	世	书	水
宝鸡	꜀tʂuo	꜀tʂʅ	꜀tʂʅ	꜀tʂei	꜀sʅ		꜀ʂʅ	꜂ʂei
扶风	꜀tʂuo	꜀tʂʅ	꜀tʂʅ	꜀tʂei	꜀sʅ	ʂʅ꜄	꜀ʂʅ	꜂ʂei
岐山	꜀tʂuo	꜀tʂʅ	꜀tʂʅ	꜀tʂei	꜀sʅ	ʂʅ꜄	꜀ʂʅ	꜂ʂei
海原	꜀tʂuə	꜀tʂʅ	꜀tʂu	꜀tʂuei	꜀sʅ	ʂʅ꜄	꜀ʂu	꜂ʂuei
敦煌	tʂuə꜄	꜀tʂʅ	꜀tʂu	꜀tʂuei	꜀sʅ	ʂʅ꜄	꜀ʂu	꜂ʂuei
焉耆	꜀tʂuo	꜀tʂʅ	꜀tʂu	꜀tʂuei	꜀sʅ	꜀ʂʅ	꜀ʂu	꜀ʂuei
乌鲁木齐	tʂuɤ꜄	꜀tʂʅ	꜀tʂu	꜀tʂuei	时꜁sʅ	ʂʅ꜄	꜀ʂu	꜀ʂuei

上表中需要说明的是“刷”字宝鸡读音材料阙如，“泽诗”两字乌鲁木齐读音材料阙如，都用相同中古声母的字音代替。除此之外，“省”字敦煌读꜂ʂə̃，与“昌徐型”不合，可能与“济南型”或普通话影响有关，详后；“所”字海原、敦煌、焉耆、乌鲁木齐读 s 声母，可能与普通话影响有关；此外，“双”字乌鲁木齐另有异读꜀faŋ，是类型 A01 向类型 A11 演变的先声，详见下文。

根据《中国语言地图集》，上表中的神木属于晋语五台片，宝鸡、扶风、岐山、海原、敦煌、焉耆属于中原官话，乌鲁木齐属于兰银官话北疆片。从张崇(1992)罗列的有限例字来看，陕北延川晋语也可能属于类型 A0，录此备忘。

1.1.1.2 类型 A02

西北方言中属于典型的“昌徐型”A02 的方言如陕北晋语吴堡话(邢向东、王兆富 2014)、富平(李虹 2003)，整体上比较少见。根据熊正辉(1990)的描述，陕西商县(张家塬)应该也是这种类型。如：

	资	租	炒	双①	刷	省	策	所	师
昌黎	꜀ʦɿ	꜀tʂu	꜂ʦʰɑu	꜁suɑŋ	꜀suɑ	꜂səŋ	ʦʰɤ꜄	꜂suo	꜀sɿ
吴堡	꜀ʦɿ	꜀ʦəu	꜂ʦʰau	꜀suɤu	suɑʔ꜆	꜂səŋ	ʦʰɑʔ꜆	꜂suɤu	꜀sɿ
富平	꜀ʦɿ	꜀ʦɑo	꜂ʦʰo	꜁suaŋ	꜀sua	꜂səŋ	꜀ʦʰei	꜂suɤ	꜀sɿ
	瘦	初	帅	床	涩	茶	泽	罩	撞
昌黎	sou꜄	꜀tʂʰu	suai꜄	꜁ʦʰuɑŋ	꜀sɿ	꜁ʦʰɑ	꜁ʦai	ʦɑu꜄	ʦuɑŋ꜄
吴堡	sɑo꜄	꜀ʦʰu	suɑe꜄	꜁ʦʰuɤu	ʂɑʔ꜆	꜁ʦʰɑ	ʦɑʔ꜆	ʦo꜄	ʦʰuɤu꜄
富平	səu꜄	꜀ʦʰəu	suai꜄	꜁ʦʰuaŋ	꜀sei	꜁ʦʰa	꜁ʦei	ʦau꜄	ʦʰuaŋ꜄

---

① “双”字西北方言中常常有平声、去声两读，后者用于“双生”等词，本文一般只录平声的读音。

续表

	桌	知	猪	追	诗	世	书	水
昌黎	꜀tsuo	꜀tʂʅ	꜀tʂu	꜀tsuei	꜀sʅ	ʂʅ꜄	꜀ʂu	꜂suei
吴堡	tsuaʔ꜅	꜀tʂɛe	꜀tsu	꜀tsuɛe	꜀sʅ	ʂɛe꜄	꜀su	꜂suɛe
富平	꜀tsuɤ	꜀tʂʅ	꜀tsʮ	꜀tsuei	꜀sʅ	ʂʅ꜄	꜀sʮ	꜂suei

上表所引昌黎的字音中，u 韵与塞擦音擦音相拼只配 tʂ 组，包括古精组的“租”字，有可能原本与吴堡一样读 tsu 组，因为韵母 u 的后元音性质使得声母成阻部位后移而成了 tʂu 组。从共时来看，昌黎作为“昌徐型”的代表确实不够典型。另外，上表中“涩”是古生母字，吴堡的声母读 ʂ 值得注意。邢向东、王兆富(2014:15)指出吴堡方言“所有合口字和开口知二庄组(下列字例外：虱臻开三入、侧色啬曾开三入、拆宅窄踖摘梗开二入)、章组止摄字读舌尖前音，与古精组字合流”。看来，“涩”读 ʂ 也属于例外。还有，特别值得注意的是富平“猪”读꜀tsʮ，“书”读꜀sʮ，是类型 A02 向 A21 演变的先声，详见下文。

1.1.2　类型 A1

类型 A1 属于典型“昌徐型”A01 的变异形式，包括类型 A11 和类型 A12。

1.1.2.1　类型 A11

在这种类型中，类型 A01 基本上读为 ʂu-的合口字“双、刷、所、帅、书、水”今读为 f-，-u-介音丢失，如青海西宁(张成材 1994)、湟源(芦兰花 2011)，新疆吐鲁番(周磊 1998)：

	资	租	炒	双	刷	省	策	所	师
西宁	꜀tsʅ	꜀tsʮᶻ	꜂tsʰɔ	꜀fɔ̃	꜀fa	꜂sɔ̃	꜀tsʰi	꜂fɔ	꜀sʅᶻ
湟源	꜀tsʅᶻ	꜀tɕy	꜂tsʰɔ	꜀fɔ̃	꜀fa	꜂sɔ̃	꜀tsʰɨ	꜂fɔ	꜀sʅᶻ
吐鲁番	꜀tsʅ	꜀tsu	꜂tsʰɑu	꜀fɑŋ	꜀fa	꜂sɤŋ	꜀tsʰɤ	꜂suɤ	꜀sʅ

	瘦	初	帅	床	涩	茶	泽	罩	撞
西宁	sɯ꜄	꜀tʂʰu	fɛ꜄	꜁tʂʰuɔ̃	꜂suo	꜁tsʰa	꜁tsɨ	tsɔ꜄	tʂʰuɔ̃꜄
湟源	sɯ꜄	꜀tʂʰv̩	꜁fɛ	꜁tʂʰuɔ̃	꜀si ꜂su	꜁tsʰa	꜁tsi tsɛ꜄	tsɔ꜄	tʂʰuɔ̃꜄
吐鲁番	sɤu꜄	꜀tʂʰu	fai꜄	꜀tʂʰuaŋ	꜀sei	꜀tsʰa	꜀tsʰɤ	tsɑu꜄	tʂʰuaŋ꜄

	桌	知	猪	追	诗	世	书	水
西宁	꜀tʂuo	꜀tʂʅ	꜀tʂu	꜀tʂuɨ	꜁sʅ 时	ʂʅ꜄	꜀fu	꜂fɨ
湟源	꜀tʂu	꜀tʂʅᶼ	꜀tʂv̩	꜀tʂui	꜀sʅᶻ	ʂʅᶼ꜄	꜀fv̩	꜂fi
吐鲁番	꜀tʂuɤ	꜀tʂʅ	꜀tʂu	꜀tʂuei	꜀sʅ	ʂʅ꜄	꜀fu	꜂fei

根据《中国语言地图集》，上表中的西宁、湟源和吐鲁番都属于中原官话。“所”字吐鲁番读 s-，有可能是普通话的影响造成的。

1.1.2.2　类型 A12

在这种类型中，类型 A01 基本上读为 tʂu-、tʂʰu-、ʂu-的合口字“双、刷、所、初、帅、床、桌、猪、追、书、水”今读为 pf-、pfʰ-、f-，-u-介音丢失，如陕西西安（北京大学中文系语言学教研室 1989）、潼关（姚亦登 2015）、大荔（白静华 2003）、合阳（邢向东、蔡文婷 2010）、韩城（秋谷裕幸、徐朋彪 2016）：

	资	租	炒	双	刷	省	策	所	师
西安	꜀ʦɿ	꜀ʦu	꜂ʦʰau	꜀faŋ	꜀fa	꜂səŋ	꜀ʦʰei	꜂fo	꜀sɿ
潼关	꜀ʦɿ	꜂ʦɤu	꜂ʦʰɔ	꜀faŋ	꜀fa	꜂səŋ	꜀ʦʰei	꜂fɤ	꜀sɿ
大荔	꜀ʦɿ	꜀ʦou	꜂ʦʰau	꜀faŋ	꜀fa	꜂səŋ	꜀ʦʰei	꜂fo	꜀sɿ
合阳	꜀ʦɿ	꜀ʦou	꜂ʦʰɔo	꜀fɑŋ	꜀fɑ	꜂sə ꜂səŋ	꜀ʦʰɪ	꜂fo	꜀sɿ
韩城	꜀ʦɿ	꜀ʦɤu	꜂ʦʰɑo	꜀fɑŋ	꜀fɑ	꜂sɤŋ	꜀ʦʰei	꜂sɤu	꜀sɿ

	瘦	初	帅	床	涩	茶	泽	罩	撞
西安	sou꜄	꜀pfʰu ꜀ʦʰou	fæ꜄	꜁pfʰaŋ	꜀sei	꜁ʦʰa	꜁ʦei	ʦau꜄	pfʰaŋ꜄
潼关	sɤu꜄	꜀pfʰu ꜀ʦʰɤu	fæ꜄	꜁pfʰaŋ	꜀sei	꜁ʦʰa	꜁ʦei	ʦɔ꜄	pfʰaŋ꜄
大荔	sou꜄	꜀ʦʰou	fai꜄	꜁pfʰaŋ	꜀sei	꜁ʦʰa	꜁ʦʰei	ʦau꜄	pfʰaŋ꜄
合阳	sou꜄	꜀ʦʰou	fɛ꜄	꜁pfʰo ꜁pfʰɑŋ	꜀sɪ	꜁ʦʰɑ	꜁ʦʰɪ	ʦɔo꜄	꜂pfʰɑŋ pfʰɑŋ꜄
韩城	sɤu꜄	꜀ʦʰɤu	fai꜄	꜁pfʰuɤ ꜁pfʰɑŋ	꜀sei	꜁ʦʰɑ	꜁ʦʰei	ʦɑo꜄	pfʰɑŋ꜄

	桌	知	猪	追	诗	世	书	水
西安	꜀pfo	꜀tʂʅ	꜀pfu	꜀pfei	꜀sɿ	ʂʅ꜄	꜀fu	꜂fei
潼关	꜀pfɤ	꜀tʂʅ	꜀pfu	꜀pfei	꜀sɿ	ʂʅ꜄	꜀fu	꜂fei
大荔	꜀pfo	꜀tʂʅ	꜀pfu	꜀pfei	꜀sɿ	ʂʅ꜄	꜀fu	꜂fei
合阳	꜀pfo	꜀tʂʅ	꜀pfu	pfʰɪ꜄	꜀sɿ	ʂʅ꜄	꜀fu	꜂fu ꜂fɪ
韩城	꜀pfuɤ	꜀tʂʅ	꜀pfu	꜀pfei	꜀sɿ	ʂʅ꜄	꜀fu	꜂fu ꜂fei

上表的所有方言点都分布在关中的东部，《中国语言地图集》把它们划入中原官话关中片。“初”字西安又读、大荔、合阳读꜀ʦʰou，潼关又读、韩城读꜀ʦʰɤu；“所”字韩城读꜂sɤu，都与类型 A12 的规律不合，乃是韵母由合口呼变为开口呼造成的。开口呼韵母使得声母由原来的 tʂ 组变为 ʦ 组，也就没有机会进一步变为 pf 组了。

值得注意的是，在类型 A12 中读 pf-、pfʰ-、f-的合口字在甘肃武都方言（时建国 1992）中今读为 ʦf-、ʦfʰ-、sf-，如：

	资	租	炒	双	刷	省	策	所	师
武都	꜀ʦɿ	꜀ʦu	꜂ʦʰau	꜀sfaŋ	꜀sfa	꜂sən	꜀ʦʰei	꜂sfə	꜀sɿ
	瘦	初	帅	床	涩	茶	泽	罩	撞
武都	səu꜄	꜀tsfʰu	sfai꜄	꜁tsfʰaŋ	꜀sei	꜁ʦʰa	꜁ʦei	ʦau꜄	꜂tsfʰaŋ
	桌	知	猪	追	诗	世	书	水	
武都	꜀tsfə	꜀tʂɿ	꜀tsfu	꜀tsfei	꜀sɿ	ʂɿ꜄	꜀sfu	꜂sfei	

从类型上看，武都与上述西安等地尽管音值不同，但基本性质相同，所以也把它列入类型 A12。

1.1.3　类型 A2

类型 A2 属于典型“昌徐型”A02 的变异形式，包括类型 A21 和类型 A22。

1.1.3.1　类型 A21

这种类型中，类型 A02 中读为 ʦu-、ʦʰu-、su-的合口字今读为 ʦɥ-、ʦʰɥ-、sɥ-，而类型 A02 中读 tʂ、tʂʰ、ʂ 的知三章组字仍然读为 tʂ、tʂʰ、ʂ，如三原（李德林、孙立新 2015）、蒲城（郑宏 2004）、铜川（杨银梅 2004）：

	资	租	炒	双	刷	省	策	所	师
三原	꜀ʦɿ	꜀ʦɤu	꜂ʦʰau	꜀sɥaŋ	꜀sɥa	꜂səŋ	꜀ʦʰei	꜂sɥɤ	꜀sɿ
蒲城	꜀ʦɿ	祖꜂ʦəu	꜂ʦʰau	꜀sɥaŋ	꜀sɥa	꜂səŋ	꜀ʦʰei	꜂sɥɤ	꜀sɿ
铜川	꜀ʦɿ	祖꜂ʦou	吵꜂ʦʰɑu	꜀sɥɑŋ	꜀sua	꜂seŋ	꜀ʦʰei		꜀sɿ
	瘦	初	帅	床	涩	茶	泽	罩	撞
三原	sɤu꜄	꜀ʦʰɤu	sɥæ꜄	꜁ʦʰɥaŋ	꜀sei	꜁ʦʰa	꜁ʦei	ʦau꜄	ʦʰɥaŋ꜄
蒲城	səu꜄	꜀ʦʰəu	sɥæ꜄	꜁ʦʰɥaŋ	꜀sei	꜁ʦʰa	꜁ʦei	ʦau꜄	ʦʰɥaŋ꜄
铜川	sou꜄	꜀ʦʰou	sɥɑ꜄	꜁ʦʰɥɑŋ	꜀sei	搽꜁ʦʰɑ	꜁ʦei	ʦɑu꜄	ʦʰɥɑŋ꜄
	桌	知	猪	追	诗	世	书	水	
三原	꜀ʦɥɤ	꜀tʂɿ	꜀ʦɥ	꜀ʦɥei	꜀sɿɤ	ʂɿ꜄	꜀sɥ	꜂sɥei	
蒲城	꜀ʦɥɤ	꜀tʂɿ	꜀ʦɥ	꜀ʦɥei	꜀sɿ	ʂɿ꜄	꜀sɥ	꜂sɥei	
铜川	꜀ʦɥɤ	꜀tʂɿ	꜀ʦɥ	꜀ʦɥei	꜀sɿ	ʂɿ꜄	꜀sɥ	꜂sɥei	

1.1.3.2 类型 A22

上述合口字今读为 tsɥ-、tsʰɥ-、sɥ-，而类型 A0 中读 tʂ、tʂʰ、ʂ 的知三章组字既有保持读 tʂ、tʂʰ、ʂ 的，又有今读 ʈ、ʈʰ 的或 k、kʰ 的，如陕西彬县(乔光明、晁保通 2002)：

	资	租	炒	双	刷	省	策	所	师
彬县	꜀tsɿ	꜀tɕy	꜂tsʰau	꜀sɥaŋ	꜀sɥa	꜂səŋ	꜀tsʰei	꜂sɥo	꜀sɿ
	瘦	初	帅	床	涩	茶	泽	罩	撞
彬县	sou꜄	꜀tsʰɥ	sɥai꜄	꜁tsʰɥaŋ	꜀sei	꜁tsʰa	择꜁tsʰei	tsau꜄	tsʰɥaŋ꜄

	桌	知	猪	追	诗	世	书	水
彬县	꜀tsɥo	꜀tʂʅ	꜀tsɥ	꜀tsɥei	꜀sɿ	ʂʅ꜄	꜀sɥ	꜂sɥei

上表中彬县今读 tʂ、tʂʰ、ʂ 的知三章组只有“知、世”二字，这里另举几例，如：智 tʂʅ꜄、直꜁tʂʰʅ、织꜀tʂʅ、石꜁ʂʅ、遮꜀tʂɤ、车꜀tʂʰɤ、烧꜀ʂau、手꜂ʂou、陕꜂ʂan、神꜁ʂɛ̃，而今读 ʈ、ʈʰ 的则如：着꜀ʈuo~衣、照 ʈau꜄、抽꜀ʈʰou、战 ʈã꜄、陈꜁ʈʰɛ̃、张꜀ʈaŋ、成꜁ʈʰaŋ。陕西蒲城兴镇应该也属于这种类型，孙立新(1992)没有提供古精组字的读音，上述合口字今读为 tsɥ-、tsʰɥ-、sɥ-的如：双 sɥaŋ^{21}、桌 tsɥo^{21}、书 sɥ^{21}、水 sɥei^{53}、吹 tsʰɥei^{21}、顺 sɥɛ̃^{55}、唇 tsʰɥɛ̃^{35}；知三章组字今读为 tʂ、tʂʰ、ʂ 的如：世 ʂʅ^{55}、蛇 ʂa^{35}、晨 ʂɛ̃^{35}、乘 tʂʰəŋ^{35}、植 tʂʰʅ^{35}，而今读为 k、kʰ(应该是由 ʈ、ʈʰ变来)的如：知 kɯ^{21}、智 kɯ^{55}、昼 kou^{55}、张 kaŋ^{21}、超 kʰau^{21}、周舟州洲 kou^{21}、丑 kʰou^{53}、针真 kɛ̃^{21}、沉 kʰɛ̃^{35}①。

1.2 类型 B:“济南型”

西北方言中属于“济南型”的如陕西汉滨(周政、戴承元 2015)，甘肃兰州(高葆泰 1980，张文轩、莫超 2009)、永靖、广河、和政、临夏市、八坊回民话、循化、同仁、民和(张建军 2009)、张掖(黄大祥 2009)、永登、西固、红古、皋兰、榆中、天祝、古浪、永昌、山丹、民乐、临泽、肃南、金塔(张燕来 2003)，青海乐都(曹志耘、邵朝阳 2001)。也有几种次类型，包括典型的“济南型”B0，以及变异的“济南型”B1、B2、B3 等。

1.2.1 类型 B0

属于典型的“济南型”的方言如古河州永靖、广河、和政、临夏市、韩集、吹麻滩、民和、循化、同仁(张建军 2009)，以永靖为例：

	资	租	炒	双	刷	省	策	所	师
济南	꜀tsɿ	꜀tsu	꜂tʂʰɔ	꜀ʂuaŋ	꜀ʂua	꜂ʂəŋ	꜀tʂʰei	꜂ʂuɤ	꜀ʂʅ
永靖			꜀tʂʰɔ	꜀ʂuɑ̃	꜀ʂua	꜀ʂə̃	꜀tʂʰə	꜀ʂuə	꜀ʂʅ

① 孙立新(1992)都用˨˩ ˧˥ ˥˧ ˥标调值，而且没有指明调值和调类的对应关系，这里把调值改标为阿拉伯数字。

续表

	瘦	初	帅	床	涩	茶	泽	罩	撞
济南	ʂou꜄	꜀tʂʰu	ʂuɛ꜄	꜁tʂʰuaŋ	꜀ʂei	꜁tʂʰa	꜁tʂei	tʂɔ꜄	tʂuaŋ꜄
永靖	ʂəu꜄	꜀tʂʰu	ʂuɛ꜄	꜀tʂʰuɑ̃	꜀ʂə	꜀tʂʰa	꜀tʂə	tʂɔ꜄	tʂʰuɑ̃꜄

	桌	知	猪	追	诗	世	书	水
济南	꜀tʂuɤ	꜀tʂʅ	꜀tʂu	꜀tʂuei	꜀ʂʅ	ʂʅ꜄	꜀ʂu	꜂ʂuei
永靖	꜀tʂuə	꜀tʂʅ	꜀tʂu	꜀tʂui	꜀ʂʅ	ʂʅ꜄	꜀ʂu	꜀ʂui

1.2.2　类型 B1

类型 B0 中读 ʂ 声母合口呼的读为 f，以青海乐都为例：

	资	租	炒	双	刷	省	策	所	师
乐都	꜀ʦɿ	꜀ʦʮ	꜂tʂʰɔ	꜀fɒ̃	꜀fɑ	꜂ʂəŋ	꜀tʂʰɤ	꜂fɤ	꜀ʂʅ

	瘦	初	帅	床	涩	茶	泽	罩	撞
乐都	ʂəu꜄	꜂tʂʰv̩	fɛ꜄	꜀tʂʰuɒ̃	꜀ʂɤ	꜀tʂʰɑ	꜀tʂɤ	tʂɔ꜄	tʂʰuɒ̃꜄

	桌	知	猪	追	诗	世	书	水
乐都	꜀tʂuɤ	꜀tʂʅ	꜀tʂv̩	꜀tʂui	꜀ʂʅ	ʂʅ꜄	꜀fv̩	꜂fɪi

1.2.3　类型 B2

类型 B0 中读 tʂ、tʂʰ、ʂ 声母合口呼的读为 pf、pfʰ、f，以陕西汉滨，甘肃兰州、永登（钱曾怡主编 2010）为例：

	资	租	炒	双	刷	省	策	所	师
汉滨	꜀ʦɿ	꜀ʦu	꜂tʂʰau	꜀faŋ	꜀fa	生꜀ʂəŋ	꜀tʂʰei	꜂fə ꜂suo	꜀ʂʅ
兰州	꜀ʦɿ	꜀ʦu	꜂tʂʰɔ	꜀fɑ̃	fa꜄	꜂ʂə̃	tʂʰə꜄	꜂fɤ	꜀ʂʅ
永登	꜀ʦɿ	꜀ʦu	吵꜂tʂʰɔ	꜀fɒ̃	fa꜄	生꜀ʂən	ʦʰɣ꜄	꜂suə	꜀ʂʅ

	瘦	初	帅	床	涩	茶	泽	罩	撞
汉滨	ʂəu꜄	꜀pfʰu	fai꜄	꜁pfʰaŋ	꜀ʂei	꜁tʂʰa	择꜁tʂei	tʂau꜄	꜂pfʰaŋ pfaŋ꜄
兰州	ʂəu꜄	꜀pfʰu	fɛ꜄	꜁pfʰɑ̃	ʂɤ꜄	꜁tʂʰa	꜁tʂə	tʂɔ꜄	pfʰɑ̃꜄
永登	sou꜄	锄꜀pfʰu	fɛ꜄	꜀pfʰɒ̃	参꜀sən	꜀tʂʰa	择 ʦɣ꜄	tʂɔ꜄	pfɒ̃꜄

续表

	桌	知	猪	追	诗	世	书	水
汉滨	꜀pfə	꜀tʂʅ	꜀pfu	꜀pfei	꜀ʂʅ	ʂʅ꜄	꜀fu	꜂fəi
兰州	pfɤ꜄	꜀tʂʅ	꜀pfu	꜀pfei	꜀ʂʅ	ʂʅ꜄	꜀fu	꜂fei
永登	pfə꜄	꜀tʂʅ	꜀pfu	꜀pfɪi	꜀ʂʅ	ʂʅ꜄	鼠꜂pfʰu	꜂fɪi

上表中永登方言“策”“所”“瘦”“参人~”“择”读 ʦ 组声母，带有“昌徐型”的特点，可能是受到河西走廊一些“昌徐型”方言点如武威、酒泉、嘉峪关、玉门等的影响。无独有偶，根据张盛裕（1993：256—257），“古浪、天祝庄组、知组二等个别字也有读[ʦ ʦʰ s]的。”而古浪、天祝一般被认为属于“济南型”的方言。武威、酒泉、嘉峪关、玉门作为古丝绸之路（后来是兰新铁路）的重要节点，其方言可能有一定的影响力。

1.2.4 类型 B3

类型 B2 中读 pf、pfʰ、f 的读为 k、kʰ、f（pfu/pfuə、pfʰu/pfʰuə 除外），以甘肃张掖为例：

	资	租	炒	双	刷	省	策	所	师
张掖	꜀ʦʅ	꜀ʦu	꜁tʂʰɔ	꜀fÃ	fA꜄	꜁ʂə̃	tʂʰə꜄	꜁fə	꜀ʂʅ
	瘦	初	帅	床	涩	茶	泽	罩	撞
张掖	səu꜄	꜀pfʰu	fɛ꜄	꜀kuÃ	꜀ʂə꜄	꜀tʂʰA	꜂tʂə	tʂɔ꜄	kuÃ꜄

	桌	知	猪	追	诗	世	书	水
张掖	pfuə꜄	꜀tʂʅ	꜀pfu	꜀kuəi	꜀ʂʅ	ʂʅ꜄	꜀fu	꜁fei

黄大祥（2009：343）指出张掖方言“pf、pfʰ 只拼韵母 u、uə，其余合口呼中对应北京话 tʂ、tʂʰ 声母的字读 k、kʰ”。但是，根据张盛裕（1993：258），张掖、临泽、民乐、高台、肃南等五处读音“主＝古”“初＝窟”“书＝夫”“追＝龟”“吹＝盔”“税＝费”等，一般的“济南型”方言中 tʂ、tʂʰ、ʂ 拼合口呼的，声母全变成 k、kʰ、f。

以上“济南型”的方言中，永靖、乐都在《中国语言地图集》中被划入中原官话陇中片，其地理位置靠近兰银官话，归属问题可能还需要进一步深入研究；汉滨被划入中原官话秦陇片；兰州、永登在《中国语言地图集》中被划入兰银官话金城片，张掖被划入河西片。

与陕南白河县交界的湖北省郧县，据赵元任等（1948）的调查报告，也可以断定是一个“济南型”的方言点，如：炒꜂tʂʰau、刷꜁ʂua、师꜀ʂï、初꜀tʂʰəu、帅 ʂuai꜄、床꜁tʂʰuaŋ、茶꜁tʂʰa、泽꜁tʂïĕ、撞 tʂuaŋ꜄、桌꜀tʂuo、知꜀tʂï、猪꜀tʂɥ、追꜀tʂuei、世 ʂï꜄、书꜀ʂɥ、水꜂ʂuei。另外，根据段亚广（2012），中原官话中属于“济南型”的方言又分为“开封型”（包括开封市、开封县、郑州、中牟、内黄、南阳、鲁山、方城、南召、淅川、内乡、镇平、社旗、泌阳、唐河、邓州、新野、许昌市、许昌县、禹州、汝州、襄城、平顶山、叶县、宝丰、舞钢、舞阳、临颍、郾城、商丘、永城、郸城、阜阳、亳州、濉溪、临泉、临沂、郯城、阳谷、菏泽、东平、定陶、临汾、乐都、民和、循化、同仁、大通等），“翼城型”（包括汾河片的翼城、永济等）和“滕州型”（包括鲁西南的滕州、泗水、枣庄薛城和山西的闻喜、侯马、稷山等）三种类型。

1.3　类型 C:“南京型”

西北方言中属于“南京型”的如宁夏银川(李树俨、张安生 1996)、灵武(钱曾怡主编 2010),陕西平利洛河(周政 2005)、白河城关(柯西钢 2013)、紫阳(周政、戴承元 2015):

	资	租	炒	双	刷	省	策	所	师
南京	꜀ʦɿ	꜀ʦu	꜂tʂʰɔu	꜀ʂuɑ̃	ʂuɑʔ꜅	꜂səŋ	ʦʰəʔ꜅	꜂so	꜀sɿ
银川	꜀ʦɿ	꜀ʦu	꜂tʂʰɔ	꜀ʂuaŋ	꜀ʂua ʂua꜃	꜂səŋ	册 ʦʰə꜃	꜂suə	꜀ʂʅ
灵武	꜀ʦɿ	꜀ʦu	吵꜁tʂʰɔ	꜀ʂuɑŋ	ʂua꜃	生꜀ʂəŋ	ʦʰɤ꜃	꜁suə	꜀ʂʅ
平利洛河	꜀ʦɿ	꜀ʦou	꜂tʂʰau	꜀ʂɥaŋ	꜀ʂɥa	꜂sən	꜀ʦʰɛ	꜂so	꜀sɿ
白河城关	꜀ʦɿ	꜀ʦəu	꜂tʂʰau	꜀ʂuaŋ	꜀ʂua	꜂sən	꜀ʦʰE	꜂suo	꜀sɿ
紫阳	꜀ʦɿ	꜀ʦəu	吵꜂tʂʰau	꜀ʂuaŋ	꜁ʂua	生꜀sən	꜁ʦʰe	꜂suo	꜀sɿ

	瘦	初	帅	床	涩	茶	泽	罩	撞
南京	səɯ꜃	꜀ʦʰu	ʂuɐe꜃	꜁tʂʰuɑ̃	səʔ꜅	꜁tʂʰɑ	ʦəʔ꜅	tʂɔu꜃	tʂuɑ̃꜃
银川	səu꜃	꜀ʦʰu	ʂuɛ꜃	꜁tʂʰuaŋ	参꜀səŋ	꜁tʂʰa	ʦə꜃	tʂɔ꜃	tʂʰuaŋ꜃
灵武	sou꜃	锄꜁tʂʰu	ʂuɛ꜃	꜁tʂʰuɑŋ	参꜀səŋ	꜁tʂʰa	择 ʦɤ꜃	tʂɔ꜃	tʂuɑŋ꜃
平利洛河	sou꜃	꜀ʦʰou	ʂɥai꜃	꜁tʂʰɥaŋ	꜀sɛ	꜁tʂʰa	꜀ʦʰɛ	tʂau꜃	꜂tʂʰɥaŋ tʂɥaŋ꜃
白河城关	səu꜃	꜀ʦʰəu	ʂuai꜃	꜁tʂʰuaŋ	꜀sE	꜁tʂʰa	꜁ʦE	tʂau꜃	꜂tʂʰuaŋ tʂuaŋ꜃
紫阳	səu꜃	锄 ꜁ʦʰəu	ʂuai꜃	꜁tʂʰuaŋ	꜁se	꜁tʂʰa	择꜁ʦe	tʂau꜃	꜂tʂʰuaŋ tʂuaŋ꜃

	桌	知	猪	追	诗	世	书	水
南京	tʂɔʔ꜅	꜀tʂʅ	꜀tʂu	꜀tʂuəi	꜀ʂʅ	ʂʅ꜃	꜀ʂu	꜂ʂuəi
银川	tʂuə꜃	꜀tʂʅ	꜀tʂu	꜀tʂuei	꜀ʂʅ	ʂʅ꜃	꜀ʂu	꜂ʂuei
灵武	tʂuə꜃	꜀tʂʅ	꜀tʂu	꜀tʂui	꜀ʂʅ	ʂʅ꜃	鼠꜁tʂʰu	꜁ʂui
平利洛河	꜀tʂo	꜀tʂʅ	꜀tʂɥ	꜀tʂɥei	꜀ʂʅ	ʂʅ꜃	꜀ʂɥ	꜂ʂɥei
白河城关	꜀tʂuo	꜀tʂʅ	꜀tʂu	꜀tʂuei	꜀ʂʅ	ʂʅ꜃	꜀ʂu	꜂ʂuei
紫阳	꜁tʂuo	꜀tʂʅ	꜀tʂu	꜀tʂuei	꜀ʂʅ	ʂʅ꜃	꜀ʂu	꜂ʂuei

银川是兰银官话的代表方言，李树俨(1993:45)指出："宁夏境内方言分 ʦ、tʂ 的类型只有两种：一种是昌徐型，包括固原、泾源、彭阳、海原、西吉、隆德、盐池七县；一种是南京型，包括银川、同心、中卫、中宁、吴忠、青铜峡、灵武、永宁、贺兰、平罗、惠农、陶乐十二县市。"上表中"师"在银川、灵武读 tʂ 组声母，"生""锄"在灵武也读 tʂ 组声母(银川则读 ʦ 组声母)，都应该是普通话影响的结果。张燕来(2003:19—20)把上述宁夏境内的南京型方言称为"银川型"，并指出这类方言"普遍存在[ʦ]组和[tʂ]组异读的现象""[ʦ]组是旧读，[tʂ]组是新读，总的趋势是年轻人比老年人读[ʦ]组声母的字少"。

平利洛河、白河城关处陕西东南部，《中国语言地图集》把它们划入中原官话秦陇片，从周政(2006)等人的调查研究来看，这一带与湖北省的竹溪、竹山连成一片，应该划入江淮官话。紫阳也处在陕西东南部，《中国语言地图集》把它划入西南官话。

2. 西北方言中古精庄知章组声母的发展演变

从以上列举的今读类型来看，西北方言中古精庄知章组声母的今读多为 ts、tʂ 两分类型，陕北晋语和中原官话属于"昌徐型"，少数中原官话属于"济南型"(如汉滨)；兰银官话既有"济南型"(如兰州)、"南京型"(如银川)，也有"昌徐型"(如乌鲁木齐)；江淮官话和西南官话属于"南京型"。

2.1 类型 A"昌徐型"和类型 B"南京型"的历史来源

从历史来源来看，我们认为"昌徐型"和"济南型"中古精庄知章的分合规律都与《中原音韵》一脉相承，其更早的源头至少可以追溯到宋初的《尔雅音图》，因此这两种类型的历史渊源很深，无怪乎它们都分布在北方官话中。

古精组的发展演变比较简单和清晰，这里先按下不表。下面先检讨一下古知章庄声母在《中原音韵》的分合问题。如所周知，《切韵》音系知庄章组声母三分，界限严格。到了元代，古知庄章组声母在《中原音韵》音系中是合而为一还是分为两类，学界至今还聚讼纷纭。归纳起来主要有两类观点，认为合而为一的有罗常培(1932)、赵荫棠(1936)、李新魁(1979)、杨耐思(1981)、麦耘(1991)、董建交(2007)、桑宇红(2008)等，而认为分为两类的有陆志韦(1946)、宁继福(忌浮 1964)、蒋希文(1983)、王力(1985)、冯蒸(1994)、万波(1998/2009)、庄初升(2004)、王洪君(2007)等。当然，认为合而为一的学者也大多认识到《中原音韵》在小韵的排列上所呈现出来的知二庄组为一类，知三章组为一类的特点(支思部和东钟部例外)，因此他们大多认为上述两类的区别不是声母的不同(即声母合而为一)，而是韵母的元音或介音的不同。特别是赵荫棠(1936)提出 * tʂ：* tʂi 有别说以来，经过李新魁(1979)、麦耘(1991)等的补充论证，到了近年学界仍有不少人相信古知庄章组声母在《中原音韵》音系中是合而为一的，如董建交(2007)、桑宇红(2008)、麦耘(2010)等。实际上，上述赵荫棠(1936)把知二庄组在《中原音韵》中的读音构拟为卷舌音 tʂ 带 i 的 * tʂi(i 可以是主元音也可以是介音，下同)，他自己都承认是"难上口的玩意"，而陆志韦《古音说略》称之为"怪音"，董同龢《中国语音史》认为是"极不自然"。但是，李新魁(1979)提出 tʂi 在实际语言中是存在的，如广东大埔客家话古知章组的读音就有 tʂin、tʂʰin、ʂin、tʂim、tʂʰim、ʂim、tʂiu、tʂʰiu、ʂiu、tʂit、tʂʰit、ʂit、tʂip、ʂip 之类的音节；另外，近百几十年来京剧的"上口字"念"知"为 tʂi、念"日"为 ʐi 等。然而，我们通过实地调查和比较研究，证明了包括大埔话在内的早前被有的学者记录有 tʂ 组声母的粤东客家方言，古知三章组声母今读的音值实际上是舌叶音 ʧ 组而不是卷舌音 tʂ 组，我们还据此批评了古音构拟中 *ʂi 类（也可以简称为 *tʂi）音节所存在的问题（详见万波、庄初升 2016）。其他方言中如芦兰花（2011）所记录的青海湟源方言的 tʂi 类音节，段亚广（2012：61 脚注①）对照了张成材（2006）相应的记录而提出了质疑。至于李新魁（1979）所说的京剧“上口字”，麦耘（2010）认为其声母是“舌叶-龈后音”，但卷舌音色很浓。因此，也不能简单说京剧“上口字”就是 tʂi 类音节。我们认为，把知二庄组在《中原音韵》中的读音构拟为卷舌音 tʂ 带 i 的 *tʂi 还存在一个问题，就是不能合理解释现代官话中比较普遍存在的今读分 ts、tʂ 及相关类型的历史来源问题。桑宇红（2008：34）虽然承认“现代方言是否存在与《中原》分合一致且知二庄与知三章韵母对立而声母合一的情况，目前我们尚未发现”，但她还是坚持认为古知章庄声母在《中原音韵》合为一套 tʂ 组声母，至于这一套声母如何演变成现代官话方言分 ts、tʂ 及相关类型，她用一个演变图来表示（2008：37）：

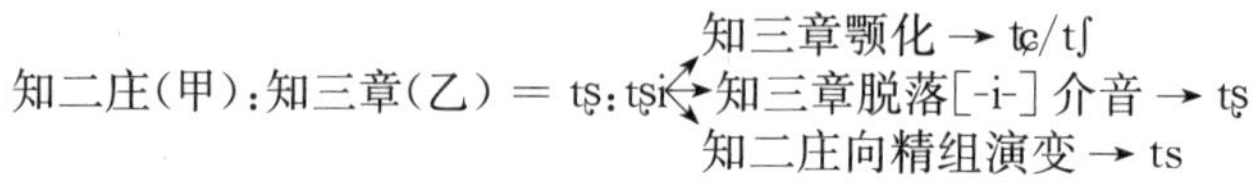

知二庄（甲）：知三章（乙）＝ tʂ：tʂi →
- 知三章颚化 → ʨ/tʃ
- 知三章脱落[-i-]介音 → tʂ
- 知二庄向精组演变 → ts

上图中 tʂ＞ʦ 的演变在汉语中非常常见，其他两项如 tʂi＞ ʨ/tʃ、tʂi＞ tʂ 则在现代方言中找不到类型学上的旁证。实际上，只要把上面的来自古知三章的所谓 tʂi 构拟成 ʨi，则所有问题将迎刃而解，即 ʨi＞ʧi＞ʧ＞tʂ，必须强调的是这种演变路径在古今汉语中都非常常见。苏晓青、万连增（2011）所记录的江苏赣榆（青口）方言，所有 ʧ 组声母都只与齐齿呼、撮口呼相拼，所有 tʂ 组声母都只与开口呼、合口呼相拼；刘斌（1990）所记录的赣榆（刘沟）方言，ʧ 组声母除了与 i、y 两韵相拼之外，都只能与开口呼、合口呼相拼。赣榆（青口）方言和赣榆（刘沟）方言两相比较，说明 ʧi＞ʧ 的演变确实是有现实依据的，我们认为非常有启发意义。

上述古知章庄声母在《中原音韵》的分合问题上，我们认为蒋希文《从现代方言论中古知、庄、章三组声母在〈中原音韵〉里的读音》（1983）一文特别值得重视。蒋希文（1983）以其母语赣榆方言为例，列表说明古知庄章三组声母在该方言里的分布情况和《中原音韵》大体一致，据此推断古知庄章三组声母在《中原音韵》已经分化为两套声母，除了东钟韵和支思韵之外，大致上是知二庄组为 tʂ、tʂʰ、ʂ，知三章组为 ʧ、ʧʰ、ʃ。特别有说服力的是，《中原音韵》东钟部里古知庄章三组并为一类，赣榆方言一律读 tʂ 组；《中原音韵》支思部里古庄章两组并为一类，赣榆方言也一律读 tʂ 组。另外，《中原音韵》齐微部仅限于知三章组字，赣榆开口读 tʃ 组，合口读 tʂ 组，蒋希文（1983）认为这与陆志韦先生的推断基本相符。

《中原音韵》编成于 1324 年，它尽管在汉语语音史上具有十分重要的地位，常常被作为考察汉语官话共时类型和发展演变的参照系，但是与《切韵》毕竟相去七百多年。冯蒸（1994）认为，《中原音韵》一书的知庄章三组声母的分合情况有多大的代表性，是否代表一种唯一的或普遍的音变类型，尚需利用与其同时代或稍早的其他音韵资料来证实。冯蒸（1994：23）通过考察宋初《尔雅音图》一书的音注资料中这三组声母的分合情况之后，得出这样的结论：“关于《音图》这两类母声的读音，与《中原》的情况一样，我们同意蒋希文先生根据现代赣榆方言对它们的拟音，即知二/庄组是 tʂ、tʂʰ、ʂ，与洪音韵母相配，知三/章组是 ʧ、ʧʰ、ʃ，与细音韵母相配，在止 A 摄和通摄的知/庄/章三组声母是 tʂ、tʂʰ、ʂ，在止 B/蟹 B 摄合口的知三/章组为 tʂ、 tʂʰ、ʂ。”他这里所说的“止A摄和通摄的知/庄/章三组声母”就是上文说所的《中原音韵》支思部里古庄章两组和东钟部里古知庄章三组，“止B/蟹B摄合口的知三/章组”就是上文所说的《中原音韵》齐微部知三章组合口。

综上所述，古知庄章三组声母在宋初《尔雅音图》和元代《中原音韵》的分合情况是完全相同的，说明这种声组的分合特征在中古汉语后期乃至近代汉语前期，应该有着广泛的分布和重要的影响。如所周知，唐五代历经宋元甚至到明清时期，很多音韵文献被认为是古庄章二组已经合流或者古知庄章三组已经合流，最著名者莫如守温三十字母和《皇极经世书·声音唱和图》。特别是后者，一般认为是庄章组合为照组，周祖谟(1966)更认为是知照组合一为 tʂ 了。段亚广(2012)考察了《守温韵学残卷》《皇极经世书》《卢宗迈切韵法》和《皇极经世解起数诀》等后指出：“以上文献资料显示，从晚唐守温三十字母一直到17世纪初的《合并字学集韵》，知照组虽然表面上合一了，但内部仍存在知二庄与知三章的差别。因此，我们认为所谓的‘知照合一’只是形式上合一罢了，本质上‘等’的差别并未在知庄章组字中泯灭。”另外，李行杰(1983)曾对南宋吴棫《韵补》中古知庄章声母的分合进行考察，发现“知组与章组合流”“庄、章两系仍有区别”。万波(1998/2009)通过进一步分析认为：“尽管限于材料还难以确证《韵补》注音系统中知组二等已与庄精组合流，但知三、章组合流而与庄精两组分立应当说是颇为明确的。”综上所述，我们在分析现代官话中古知庄章的分合规律和演变轨迹时，要充分重视知二庄声组与知三章声组古来有别的历史事实，相信这是怎么强调都不为过的。

现在回过头来分析西北官话中古精庄知章组声母的发展演变过程。我们认为“昌徐型”和“济南型”表面上看起来好像很不一样，但是它们都是《中原音韵》所呈现的知二庄组与知三章组声母两分型的发展演变结果，其更早的源头至少可以追溯到宋初的《尔雅音图》，因此这两种类型的历史渊源很深。如上文所述，西北方言中的“昌徐型”和“济南型”除了典型类型之外，还各有多种变异类型。我们认为各种变异类型之间的演变关系基本上也是清晰明了的。下面2.1.1/2.1.2先分别结合各变异类型讨论“昌徐型”和“济南型”的历史来源及发展演变，2.2再结合学界有关的研究成果进一步分析“南京型”的性质。

下面拟音方面特别需要补充说明的是，古知三章在《中原音韵》中的读音陆志韦(1946)、王力(1985)都曾拟为 tɕ 组，而如前所述宁继福(忌浮1964)、蒋希文(1983)、冯蒸(1994)等则拟为 ʧ 组。目前我们尚未能确定古知三章 tɕ>ʧ 的演变是否始于《尔雅音图》而止于《中原音韵》，而且性质上它们只涉及音值而与音类分合无关，所以下面图示笼统地把 tɕ>ʧ 视为《尔雅音图》与《中原音韵》之间的产物。万波(1998/2009:225—226)曾指出：“不过这种拟音上的差异并不重要，因为知三章组拟作 tɕ 组或 ʧ 组都有现代汉语方言的依据，如上文所述山东方言里牟平等方言点知三章组即读前者，长岛等方言点即读后者。重要的是《中原音韵》里古知组一分为二，分别与庄组和章组合流。”

另外，下面的图示只能就西北方言中“昌徐型”和“南京型”的分合情况及发展演变作一个粗线条的概括，重点展示《尔雅音图》以来古精知二庄与知三章的分立及其在西北方言中的对应关系以及后续演变。至于像《中原音韵》支思部里古庄章两组合并和东钟部里古知庄章三组合并在“昌徐型”“济南型”的反映及其发展，则无法在微观上一一展示出来。

2.1.1 类型A“昌徐型”的历史来源及发展演变

如上所述，“昌徐型”中古知庄章的分合类型与《中原音韵》一脉相承，其更早的源头至少可以追溯到宋初的《尔雅音图》。“昌徐型”历史演变要按照 A01 和 A02 两种基本类型来进行图示。如下是 A01 类型的历史来源及其发展演变：

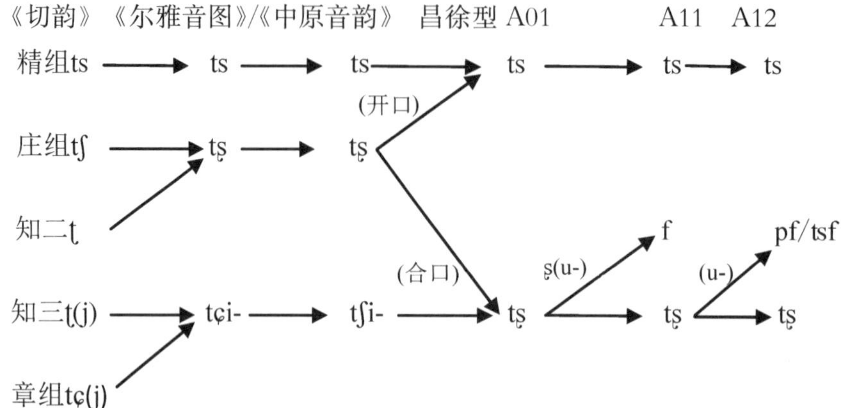

如上图所示，来自古知二庄组的 tʂ 逢开口变为 ʦ(段亚广 2012 利用“推链”理论来进行解释，可以参考)，与精组合流；逢合口仍旧读 tʂ，与来自古知三章组的 tʂ 合流，就成为典型的“昌徐型”的 A01 类型。A01 类型的 tʂ 组中，ʂ 逢合口读 f，塞擦音仍如 tʂu-、tʂʰu-，就成了 A11 类型。A11 类型的 tʂu-、tʂʰu-也变为 pf、pfʰ 或 ʦf、tfʰ，就成了 A12 类型。关于 pf 组声母的成因，学界已有不少研究，可参阅段亚广(2012)，本文不再赘述。至于 ʦf 组声母的成因，刘俐李(1988)曾经谈到焉耆话 tʂu 组的声母实际音值是 tʂf 组。看来，tʂu＞tʂf＞ʦf 是一个很有可能的音变链。

接着来看看 A02 类型的历史来源及其发展演变，图示如下：

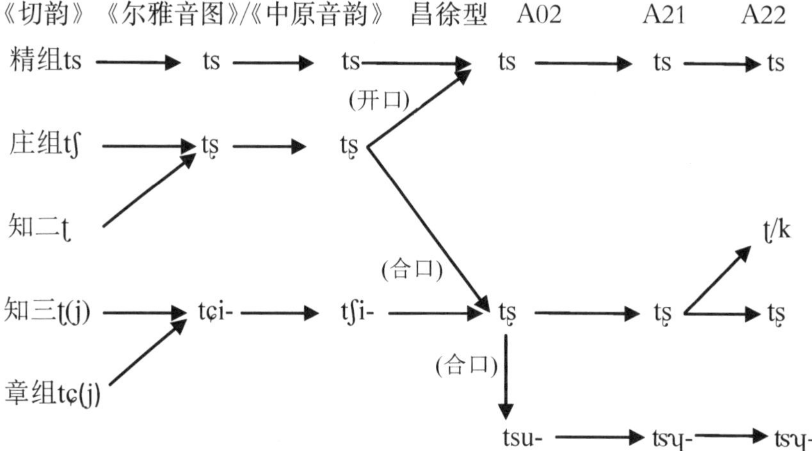

如上图所示，来自古知二庄组的 tʂ 逢开口变为 ʦ，与精组合流；逢合口仍旧读 tʂ，与来自古知三章组的 tʂ 合流，合流之后逢合口的(来自知二庄合口)的变为 ʦu-组，就成为典型的“昌徐型”的 A02 类型。A02 类型中 ʦu-组的韵母舌尖化为 ʦʮ-，就成了 A21 类型。A21 类型中来自知三章开口的 tʂ 组部分塞化为 ʈ 组或 k 组，就成了 A22 类型。上述舌尖化也好塞化也好在汉语方言中都不罕见，本文不再赘述。

2.1.2 类型 B“济南型”的历史来源及发展演变

“济南型”中古知庄章的分合类型与《中原音韵》也是一脉相承，其更早的源头至少也可以追溯到宋初的《尔雅音图》。大体而言，“济南型”历史演变可图示如下：

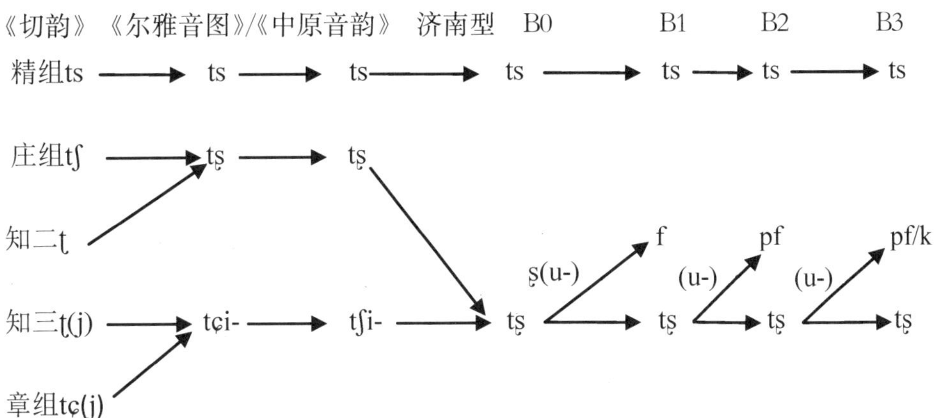

如上图所示，来自古知二庄的 tʂ 组不论开口、合口都与来自古知三章的 tʂ 组（<ʧi-）合流，就成了典型的“济南型”的 B0 类型。B0 类型的 ʂ 组中，ʂ 逢合口读 f，塞擦音仍读 tʂu-、tʂʰu-，就成了 B1 类型。B1 类型的 tʂu-、tʂʰu-也变为 pf、pfʰ，就成了 B2 类型。B2 类型的 pfu-、pfʰu-除了 pfu/pfuə、pfʰu/pfʰuə 外都变成 k、kʰ，就成了 B3 类型。

这里补充一个山东“济南型”方言的材料，证明 tʂ 组声母是早期知二庄组与知三章组声母两分型的合流。反映清代山东高青一带方言的韵书《万韵书》，知二庄组字与知三章组字在不少韵里有对立，如“宫”韵中，“争筝睁”等在开口呼，“征蒸烝征侦贞正”等在齐齿呼；“金”韵中，“蓁榛臻”在开口呼，“真珍斟针镇振震”等在齐齿呼，正体现了早期知二庄读 tʂ 组，知三章读 ʧi-组的特点[今天赣榆（青口）方言正是如此]。今天的高青一带方言知庄章合并为 tʂ 组（“济南型”），基于此，张树铮（2005：133）认为《万韵母》的知庄章也是已经合并为 tʂ 组，他的理由是：“因为，如果认为当时的知庄章三组声母分为两类，那么，此后的变化便有两重：一是知庄章三组声母合二为一，二是原来的知三章一组声母后的韵母丢掉 i 介音而变为洪音。对于 200 多年的时间来说，这种变化似乎是太快了。”我们认为这种观点值得商榷。

2.2 类型 C“南京型”的历史来源

相比之下，南京型的分合规律比较复杂，历史来源扑朔迷离，但是它与“昌徐型”和“济南型”的历史关系也并非泾渭分明。熊正辉（1990）曾用下列的图示来概括三种类型之间的共时关系（tʂ* 表示 tʂ 组有读音的例外 ʦ 组，ʦ* 表示 ʦ 组有读音的例外 tʂ 组）：

	济南型		昌徐型开口呼		南京型	
	二等韵	三等韵	二等韵	三等韵	二等韵	三等韵
知组	tʂ	tʂ	ʦ	tʂ	tʂ*	tʂ*
庄组	tʂ	tʂ	ʦ	ʦ	tʂ*	ʦ*
章组		tʂ		tʂ*		tʂ

这当中最为关键的是知组二等和庄组，“南京型”主体读为 tʂ 组；读 ʦ 组的限于止合三和宕摄之外的庄组三等字，以及梗摄的知二庄组字（梗摄没有庄组三等字）。也有少数例外，如止摄开口的庄组三等字“使史驶”南京话读 ʂ 声母（与“始屎矢”同音而与“死”不同音，可能是为了避讳）。假设“南京型”的前身是“济南型”，上述知二庄组字读 ʦ 组，可以认定为受到“昌徐型”影响的结果。这正好也可以解释“南京型”何以成为江淮官话的主要类型，因为江淮官话恰好处在与古知二庄精组与知三章组两分，知二庄精组今多读 ts 组的吴语、赣语、湘语直接接触的前沿阵地。但是，同样是在“昌徐型”影响之下，何以读 tʂ 组或 ʦ 组又呈现出相当的规律性？如上所说的止合三和宕摄的庄组三等字读 tʂ 组，而其他的庄组三等字读 ʦ 组。因此，我们对“影响说”基本持否定态度。

熊正辉（1990）总结“南京型”庄组字的演变规律，指出庄组字缝“果遇止流深臻宕曾通”九摄（称为“遇类”，没有二等韵，属等韵学上的内转）读 ʦ 组，逢“假蟹效咸山江梗”七摄（称为“假类”，有二等韵，属等韵学上的外转）读 tʂ 组，但是宕、梗两摄例外（庄组宕摄字读 tʂ 组，梗摄字读 ʦ 组）。熊正辉（1990）认为：“如果我们把宕梗两摄对调一下……，就可以不说庄组读音有宕梗两摄的例外了。《湖北方言调查报告》就是这样处理的。《报告》把果假并为一个果摄，归假类；把宕江并为一个宕摄，归假类。这样，‘遇止流深臻曾梗通’八摄为一类，《报告》叫做内转；‘果蟹效咸山宕’六摄为一类，《报告》叫做外转。用这种办法处理南京型的庄组字，比较简洁。”由此可见，“南京型”庄组字的演变具有显著的规律，与中古汉语的“内转”“外传”有关，可能也与近代汉语韵摄的某些重组有关。罗常培（1933）深入研究“内转”“外转”，指出“内转七摄”是：止遇通流臻深曾，“外转九摄”是：果假蟹效山咸宕江梗，“内转者，皆含有后元音[u][o]，中元音[ə]及前高元音[i][e]之韵；外转者，皆含有前元音[e][ɛ][æ][a]，中元音[ɐ]及后低元音[ɑ][ɔ]之韵。”（1933）由此可见“内转”“外传”体现在韵母元音（实际上是主要元音）的区别之上。安徽江淮官话也属于“南京型”，孙宜志（2006：41）认为：“庄组字的分化与后接舒声韵母的主要元音的关系为：（1）今读 ʦ 组时韵母的主要元音都为后高元音或者央元音或者舌尖前元音。（2）今读 tʂ 组时韵母的主要元音都为低元音或者半低元音。”为此他认为罗常培（1933）有关“内转”“外转”的“元音高低说”更加合理。董建交（2007）则进一步指出：“从近代音的角度看，第一类韵摄（按：即上述‘遇止流深臻曾梗通’）发展到近代，同韵庄组字与知三章组字有对立，为了保持语音区别，庄组变读 ʦ 组与章组的 tʂ 组对立，而第二类韵摄（按：即上述‘果蟹效咸山宕’）发展到近代，同韵没有知三章组字与庄组字对立，庄组字就保持 tʂ 组的音。”段亚广（2012：68）也持类似的看法，不过他是用“推链”来解释成因，即“当知章组发生 ʧj-→tʂ-的演变时，庄组也被迫发生了 tʂ-→ʦ-的演变”。

众所周知，成书于 1269—1292 年之间的《蒙古字韵》分韵 15 部，一般认为其所依据的必定是当时某种实际存在的官话音。田迪、张民权（2016）指出：“《蒙韵》十五部与传统十六摄比较，基本一致。不同的是《蒙韵》二庚部合并了梗摄和曾摄，三江合并了江摄和宕摄，四支合并蟹摄中细音齐祭等韵，同时灰韵系和泰韵合口字也加入其中。”由此可见，梗与曾的合并、宕与江的合并都是有近代汉语韵摄重组的表现。“南京型”庄组字的演变显然与中古汉语的“内转”“外传”有关，但是为什么又存在宕、梗两摄的例外，就是上述近代汉语以来韵摄重组造成的。另外，《蒙古字韵》六佳部主要来自蟹摄等，也来自止合三庄组字，而蟹摄有二等属外转，所以诸如“揣衰帅”在“南京型”中读 tʂ 组也就不难理解了。

中古汉语那么多音韵资料，这里为什么要特别提到《蒙古字韵》呢？是因为《蒙古字韵》除了上述韵类重组与“南京型”若合符节，在其他音韵问题上也有所体现。董建交（2007：227）经过比较后指出：“《蒙古字韵》与《中原音韵》代表了近代知庄章组字的两种演变类型。这两种类型区别的焦点在通摄和止摄（包括蟹摄）开口知庄章组字不同归并，《蒙古字韵》通摄和止摄贯彻了知二、庄组字为一类，知三、章组字为一类的原则，《中原音韵》则有所不同。”例如“崇”与“虫”，《蒙古字韵》及今天的“南京型”不同音①，而《中原音韵》及今天的“昌徐型”“济南型”则同音；又如“诗”与“师”，《蒙古字韵》及今天的“南京型”不同音，而《中原音韵》及今天的“昌徐型”“济南型”则同音，“昌徐型”都读꜀sɿ，“济南型”都读꜀ʂʅ。

《蒙古字韵》用一套相同的八思巴字符号代表知照组声母，但是在韵字排列上还是明显分为两类，即知二庄组为一类，知三章组为一类。成书于1297年的《古今韵会举要》虽然也只有“知彻澄娘审禅”而没有“照穿床”母，但是也是把知二庄组字与知三章组字归入不同的字母韵。学界一般认为《蒙古字韵》和《古今韵会举要》二书关系密切，音系同源，而且大多也认为古知庄章组声母已经合为一类，知二庄组与知三章组的不同乃是韵母有无i介音的区别，即知二庄组没有i介音，而知三章组有i介音。我们则认为，《蒙古字韵》和《古今韵会举要》知二庄组与知三章组的不同既有介音的区别，也有声母的区别，“南京型”与它们具有承继关系，详见下文。另外需要强调的是，与《中原音韵》相比，《蒙古字韵》是比较彻底的知二庄组、知三章组声母两分的音系。

刘晓南（2005）在考察《古今韵会举要》赀字母韵（其收字舒声为《切韵》为止摄精庄组开口三等字，入声为栉缉韵庄组字）过程中，曾对南宋吴棫《韵补》所描述的“当读”“俗读”进行解读，明确指出：“吴棫《韵补》所描述的‘当读’，庄章组与精组同韵，因声母不同分列两组，知组不在其中，这恰好就是《中原音韵》的支思部。他所说的‘俗读’音精庄组同韵不同纽，恰同于《韵会》的赀字母韵，章组另成一韵，《韵会》亦将它们排于不同的字母韵。”《中原音韵》与《古今韵会举要》相差不足30年，支思韵和赀字母韵各代表什么样的音韵性质？刘晓南（2005）在前人研究的基础上认为：“《韵会》赀字母韵与吴棫所指‘俗读’相合，反映了当时止开三齿音字的南音发展模式，并不是权威方言中原标准音的实录，跟《中原音韵》的支思部不是同一个音系。”这两种音系的此疆尔界是非常清楚的，但是是否就是“南音”与“中原标准音”的区别，恐怕还不能确定。

一般认为，今天的江淮官话是历史上的吴语、赣语持续接受官话的覆盖而形成的，而西南官话与江淮官话则具有很深的渊源关系。这两类官话属于“南京型”，而“南京型”也主要见于这两类官话。“南京型”绝大部分分布在南方（北方只见于兰银官话银吴片，与明初之后江淮移民密切相关），促使其形成的官话更有可能是《蒙古字韵》《古今韵会举要》之类的韵书所代表的音系，罗常培（1959）称之为“读书音”，而不是《尔雅音图》《中原音韵》等所代表的“说话音”。

综上所述，“南京型”历史来源可图示如下：

---

① 今天不少南京话的材料中，“崇”与“虫”都读为꜁tʂʰoŋ，相信“崇”读tʂʰ是普通话影响所致。根据1902年德国人赫美玲（Korl Hemeling）的《南京官话》（*The Nanking Kuan Hua*），“崇 ʦ‘ung²”与“虫 ch‘ung²”显然不同音。另外，根据周政（2009），平利方言“崇꜁ʦʰoŋ”与“虫꜁tʂʰoŋ”不同音。

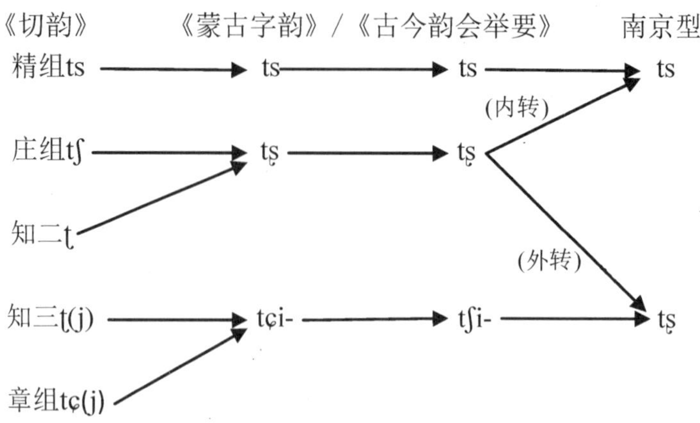

3. 结　论

王洪君(2007)曾经以《中原音韵》知二庄、知三章两分为出发点讨论山西方言知庄章的演变,她明确认为山西境内一半以上的方言点属于开口知二庄、知三章两分的"昌徐型"方言,它们是《中原音韵》的直接发展,不可能是知庄章合一但与精组对立的北京型方言的后裔,更不可能由太原等知庄章精合一的方言发展而来。李建校(2007)论证了陕北晋语区分 ʦ、tʂ 的情况与"昌徐型"类似,并认为其符合唐五代西北方音古知庄章组字的语音格局,可惜有关后者的论证不够充分有力。

如上所述,西北方言中陕北晋语和中原官话属于"昌徐型",少数中原官话属于"济南型";兰银官话既有"济南型""南京型",也有"昌徐型"。本文进一步论证了西北方言中不论是"昌徐型"还是"济南型"都是《中原音韵》所呈现的知二庄组与知三章组声母两分型的平行演变结果,其更早的源头至少可以追溯到宋初的《尔雅音图》,因此这两种类型的历史渊源很深。根据《中国语言地图集》,兰银官话中的"南京型"分布在以银川话为代表的银吴片。究其原因,是明朝之前宁夏的汉语方言经历了两次"中断",因此明代前期从江淮等地区调集了大批军民官吏前往银川及其附近驻扎,这些地方的方言也就是在南京官话的基础上形成和发展起来的。如果把银吴片的"南京型"暂时搁置一边,那不难看出陕北晋语、中原官话和兰银官话的历史联系和现实关系了。

另外,西北方言中的江淮官话和西南官话属于"南京型",主要分布在陕南。除了银吴片因为特殊的历史移民背景而属于"南京型"之外,"南京型"都分布在南方官话区,这应该不是偶然的。本文还论证了"南京型"的历史来源问题,提出了《蒙古字韵》《古今韵会举要》之类的韵书所代表的音系(即比较彻底的知二庄组、知三章组声母两分)与"南京型"分 ʦ、tʂ 的演变关系。

参考文献

白涤洲著、喻世长整理.关中方音调查报告[M].中国科学院,1954.
白静华.大荔方言研究[D].兰州:西北大学,2003.
北京大学中文系语言学教研室.汉语方音字汇(第二版)[M].北京:文字改革出版社,1989.

曹强.海原方言音韵研究[D].西安:陕西师范大学,2006.
曹志耘,邵朝阳.青海乐都方言音系[J].方言,2001(4).
董建交.近代知庄章组字的演变类型及其在今官话中的反映[A].语言研究集刊(第四辑)[C].2007.
董印其.新疆汉语方言研究[M].乌鲁木齐:新疆人民出版社,2016.
段亚广.中原官话音韵研究[M].北京:中国社会科学出版社,2012.
冯蒸.《尔雅音图》音注所反映的宋代知庄章三组声母的演变[J].汉字文化,1994(3).
高葆泰.兰州音系略说[J].方言,1980(3).
郭沈青.宝鸡方言同音字汇[J].宝鸡文理学院学报,2001(1).
郭沈青.陕西镇安云镇客伙话音系[A]//邢向东.西北方言与民俗研究论丛.北京:中国社会科学出版社,2004. 164—183.
郭沈青.陕南湘语方言岛的特点与成因[C].全国汉语方言学会14届年会论文,2007.
郭沈青.陕南赣方言岛[J].方言,2008(1).
黑维强.绥德方言调查研究[M].北京:北京师范大学出版社,2016.
黄大祥.甘肃张掖方言同音字汇[J].方言,2009(4).
蒋希文.从现代方言论中古知、庄、章三组声母在《中原音韵》里的读音[J].中国语言学报.北京:商务印书馆,1983(1).
柯西钢.白河方言调查研究[M].北京:中华书局,2013.
李德林,孙立新.三原方言[M].北京:中国文联出版社,2015.
李虹.富平方言研究[D].西安:陕西师范大学,2003.
李建校.陕北晋语知庄章组读音的演变类型和层次[J].语文研究,2007(2).
李树俨.中古知庄章三组声纽在隆德方言中的演变——兼论宁夏境内方言分ts、tʂ的类型[J].宁夏大学学报,1993(1).
李树俨,张安生.银川方言词典[M].南京:江苏教育出版社,1996.
李新魁.论近代汉语照系声母的音值[J].学术研究,1979(6).
李行杰.《韵补》声类与南宋声母[J].徐州师范学院学报,1983(1).
刘斌.赣榆(刘沟)方言同音字汇[J].方言,1990(1).
刘俐李.焉耆音系记略[J].方言,1988(1).
刘伶.敦煌方言志[M].兰州:兰州大学出版社,1988.
刘晓南.《韵会》赀字母韵考论[J].中国语文,2005(2).
芦兰花.青海湟源方言音系[J].方言,2011(1).
陆志韦.释《中原音韵》[J].燕京学报,1946(31).
罗常培.中原音韵声类考[A].“中研院”历史语言研究所集刊第二本第四分,1932.
罗常培.释内外转[A].“中研院”历史语言研究所集刊第四本第二分,1933.
罗常培.论龙果夫的《八思巴字和古官话》[J].中国语文,1959(12).
麦耘.《中原音韵》的舌尖后音声母补证[A]//《中原音韵》新论组.《中原音韵》新论.北京:北京大学出版社,1991.
麦耘.从中古后期—近代语音和官客赣湘方言看知照组[J].南开语言学刊,2010(1).
宁继福.《中原音韵》二十五声母集说[J].中国语文,1964(5).
钱曾怡主编.汉语官话方言研究[M].济南:齐鲁书社,2010.
乔光明,晁保通.彬县方言同音字汇[J].方言,2002(3).
[日]秋谷裕幸,徐朋彪.韩城方言调查研究[M].北京:中华书局,2016.
桑宇红.知、照组声母合一与知二庄、知三章对立——兼论《中原音韵》知庄章声母的分合[J].语文研究,

2008(3).
时建国.甘肃省武都方言同音字汇[J].方言,1992(1).
苏晓青,万连增.赣榆方言研究[M].北京:中华书局,2011.
孙立新.蒲城(兴镇)方言见知章组声母的读音[J].方言,1992(3).
孙立新.户县方言研究[M].北京:东方出版社,2001.
孙立新.咸阳方言同音字汇[J].咸阳师范学院学报,2008(3).
孙宜志 .安徽江淮官话语音研究[M].合肥:黄山书社,2006.
田迪,张民权.《蒙古字韵》韵类与韵字编排问题[J].汉语学报,2016(3).
万波.赣语声母的历史层次研究[M].北京:商务印书馆,1998/2009.
万波,庄初升.粤东某些客家方言古知三章组声母今读音值的语音实质与汉语中古音构拟中的 * ʂi 类声韵组合问题[A]//香港中文大学吴多泰中国语文研究中心.汉语研究的新貌:方言、语法与文献.2016.
王洪君.《中原音韵》知庄章声母的分合及其在山西方言中的演变[J].语文研究 2007(1).
王力.汉语语音史[M].北京:中国社会科学出版社,1985.
毋效智.陕西省扶风方言同音字汇[J].方言,1997(3).
吴开华.甘肃民勤方言音系[J].方言,2009(1).
吴媛,韩宝育.岐山方言调查研究[M].北京:中华书局,2016.
邢向东.神木方言研究[M].北京:中华书局,2002.
邢向东.陕西省的汉语方言[J].方言,2007(4).
邢向东,蔡文婷.合阳方言调查研究[M].北京:中华书局,2010.
邢向东,郭沈青.晋陕宁三省区中原官话的内外差异与分区[J].方言,2005(4).
邢向东,王兆富.吴堡方言调查研究[M].北京:中华书局,2014.
熊正辉.官话方言分 ts、tʂ 的类型[J].方言,1990(1).
杨银梅.陕西铜川方言研究[D].西安:陕西师范大学,2004.
杨耐思.中原音韵音系[M].北京:中国社会科学出版社,1981.
姚亦登.潼关方言[M].西安:西安出版社,2015.
张成材.商县方言志[M].北京:语文出版社,1990.
张成材.西宁方言词典[M].南京:江苏教育出版社,1994.
张崇.延川方言的逆序词[J].方言,1992(4).
张建军.河州方言语音研究[D].西安:陕西师范大学,2009.
张盛裕.河西走廊的汉语方言[J].方言,1993(4).
张树铮.清代山东方言语音研究[M].济南:山东大学出版社,2005.
张文轩,莫超.兰州方言词典[M].北京:中国社会科学出版社,2009.
张燕来.兰银官话语音研究[D].北京:北京语言大学,2003.
赵荫棠.中原音韵研究[M].上海:商务印书馆,1936.
郑宏.陕西蒲城方言研究[D].西安:陕西师范大学,2004.
周磊.乌鲁木齐方言词典[M].南京:江苏教育出版社,1995.
周磊.吐鲁番汉语方言音系[J].方言,1998(2).
周政.陕西平利洛河方言同音字汇[J].方言,2005(4).
周政.关于安康方言分区的再调查[J].方言,2006(2).
周政,戴承元.安康方言调查研究[M].西安:陕西人民教育出版社,2015.
周祖谟.宋代汴洛语音考[A].周祖谟.问学集[C].北京:中华书局,1966.
庄初升.粤北土话音韵研究[M].北京:中国社会科学出版社,2004.

西宁方言的否定结构*

上海师范大学　王双成

内容提要　汉语普通话和大部分方言的否定词一般放在被否定成分之前，没有将否定词放在被否定成分之后甚至句末的语序特征。青海西宁方言的否定句除了和普通话相同的结构类型外，"不要"、"不是"、"没有"等否定成分可以放在句末对前面的成分进行否定，这一语序特点和 SOV 语言一致。此外，西宁方言否定词的自由度很低，一般紧靠谓语核心，无法像普通话一样通过否定词的移位来实现否定范围的扩展和焦点的改变，西宁方言中往往通过重音来突出否定焦点。

关键词　西宁方言；否定句；语序类型；语言接触

西宁方言是青海省西宁市及周边的大通、湟中、湟源等地使用的汉语方言，内部语音、词汇、语法的一致性较高。由于长期和周边的 SOV 语言接触，西宁方言的语法呈现出很多 SOV 的特点，程祥徽（1980）早期就做过初步的研究，王双成（2009、2011、2012、2015）、张安生（2007）等也对一些突出的语法现象做过描写，但是到目前为止，还没有人对西宁方言的否定结构做专门的调查和描写，实际上，西宁方言的否定结构也具有很多特点，这些特点既有西北方言的共性，也有其个性。

1. 西宁方言的否定类型

1.1　基本否定

西宁方言有"不""没""覅"（pɔ³⁵）三个否定词，其使用和普通话没有太大的差别，"不"既可以否定形容词性成分，也可以否定动词性成分；"没""覅"只能用于动词性成分的否定，"覅"是"不要"的合音字，通常表达禁止义、协商义。

(1) 我等一会儿再不去。

(2) 那个牛不吃了。

(3) 这几天天气不好。

(4) 这个肉是育肥下的啊，不好吃这个肉是育肥的，不好吃。

(5) 阿舅还没来舅舅没来。

(6) 我啥呀没说啊我啥都没呀！

---

* 本文曾在"语言的描写与解释学术研讨会"（复旦大学.2012）报告，英文版和 Keith Dede 教授合作发表在 *Language & Linguistics* 17(3)407—429，2016。

(7) 你俩再嫑来，人够了。

(8) 小张明儿嫑去呵成着吧小张明天应该不用去吧！

(9) 快悄悄，嫑再哭，不是呵拉娃娃拉掉咧。

西宁方言中否定词"不""没""嫑"前还可以加上"甚"构成"甚 + 不/没/嫑 X"的否定结构①，这种否定结构在西宁方言中有一定的优势，我们暂且称作"不完全否定"：

(10) 阿姐的房子甚不大姐姐的房子不太大。

(11) 衣裳样子好看么，质量甚不好衣服虽然样子好看，但质量不是太好。

(12) 这个剪子甚用不成，你用那个这把剪刀不好用，你用那把。

(13) 这个药里鸦片有哩说，甚吃不得听说这个药里面有鸦片，不能多吃。

(14) 这个剪子甚用不成，你用那个这把剪刀不好用，你用那把。

(15) 老张的酒量砝码，甚没醉过老张的酒量很大，没怎么醉过。

(16) 你们新房子盖上着我甚没来过。

(17) 娃娃岁数还尕着，甚嫑打孩子年纪还小，别老打他。

(18) 气管不好了烟甚嫑吃如果气管不好，别抽太多烟。

比如(10)，最恰当的普通话意思是"姐姐的房子不太大"，没有完全否定；如果不加"甚"，意思就变成了"姐姐的房子不大"，属于"完全否定"。再如(13)句的意思是"听说这个药里面有鸦片，不能多吃"，有"可以吃一点儿，但不能多吃"这样一层意义，但是拿掉"甚"后就是完全否定，意思为"一点儿都不能吃"，"甚"起到弱化否定程度的作用。

西安方言的"甚不 A"结构和西宁方言的这一句式基本一致，兰宾汉(2011:363)认为这种语序是句法结构上的成分迁移造成的。因为"不甚 A"表示程度不高，所以西安方言中将"不甚 A"的"甚"前置，并将其结构义转移至"甚不 A"结构上，致使"甚不 A"在表义上等同于"不甚 A"，但这是个例特点，不具有类推性。唐正大(2012)则认为"甚不/没"和阿尔泰的影响有关。

西宁方言的否定结构如果不带宾语，语序和汉语普通话基本一致，但是如果动词带有宾语，语序会发生变化，"不是""没有"等否定成分有很强的后置倾向，否定的是其前面的成分，这一点和 SOV 语言的否定结构非常接近，因为西宁方言虽说 VO 和 OV 语序并存，但是 OV 语序占有明显的优势。如：

(19) 我的书不是，傢的书也不是说不是我的书，他说也不是他的书。

(20) 娃娃还哭着，饭不吃。

(21) 我哈钱儿没有我没有钱。

(22) 炕上一床像样儿的被儿呀没有炕上没有一床像样的被子。

以上例句在西宁方言中都很难把宾语放到动词以后，即使个别句子勉强可以，但就本地人而言，总是有那么点儿"别扭"。置于句末的"不是""没有"还可以否定其前面的形容词性成分，只是在"不是""没有"前面要加上"的/的个"，这种句式也可以和"甚 + 不 A"互换。请比较：

(23) a. 阿姐的房子甚不大姐姐的房子不是很大。

b. 阿姐的房子那么大的/个不是。

c. 阿姐的房子那么大的/个没有。

---

① 这种否定结构属于不对称现象，因为西宁方言中没有"甚好"的说法。

(24) a. 衣裳样子好看么,质量甚不好衣服样子好看,质量不是太好。

b. 衣裳样子好看么,质量那么好的/个不是。

c. 衣裳样子好看么,质量那么好的/个没有。

“不要”同样有这种后置倾向,一般也是在“不要”之前加上“的”,这种结构也可以和“覅+V”互换,请比较:

(25) a. 调货够俩,再覅买调料够了,再不用买。

b. 调货够俩,再买的不要。

(26) a. 我傢哈夜来说了,你再覅说我昨天跟他说了,你不用再说。

b. 我傢哈夜来说了,你再说的不要。

(27) a. 明儿你们再覅来明天你们不用来。

b. 明儿你们再来的不要。

“V+的+不V”、“覅+V”两种否定结构在西宁方言中使用频率非常高,两种句式一般可以互换,但是意思稍有差别:(a)句带有较强的“祈使义”,语序和普通话一样;(b)句则比较委婉,不具有明显的祈使义,只陈述说话人的“建议”,相当于普通话的“不用+V”,语序和普通话明显不同,否定成分“不要”放在句末,西宁方言没有“你明儿不要来”或“你明儿不用来”这样的说法。

1.2 双重否定句

西宁方言中可以同时使用两个否定词构成双重否定句,意义上表示肯定。如:

(28) a. 我给你不给的不是/我你哈不给的不是我不是不给你。

b. 我给你不是不给/我你哈不是不给。

(29) a. 这个钳子用不成的不是,就是甚不好这个钳子不是不能用,就是不太好用。

b. 这个钳子不是用不成,就是甚不好。

(30) a. 安乃近吃不得的不是,就是多吃不得啊安乃近药不是不能吃,不能多吃!

b. 安乃近不是吃不得,就是多吃不得啊!

根据我们的调查,(a)句在西宁方言中是优势句式,(b)句主要出现在部分文化程度较高的人群中。

1.3 差比句的否定式

王双成(2009)曾对西宁方言差比句的类型做过详细的讨论,其中没有涉及差比句的否定式,这里做一个补充。西宁方言中差比句有“兄弟的个子比哥哥大弟弟个子比哥哥高”这样的肯定形式,但不能说“哥哥的个子不比兄弟大”,差比句的否定式有多种表达方式,如:

(31) a. 哥哥的个子兄弟大的个没有哥哥的个子不比弟弟高。

b. 哥哥的个子没有兄弟大。

c. 哥哥的个子啊看呵兄弟大的个不是/没有。

d. 哥哥的个子啊看呵没有兄弟大。

e. 哥哥的个子把兄弟不到。

(32) a. 傢的车你的好的个没有他的车不比你的好。

b. 傢的车没有你的好。

c. 傢的车啊看呵你的好的个不是/没有。

d. 傢的车啊看呵没有你的好。

e. 傢的车把你的不到。

西宁方言比较句中，等比形式还可以说“兄弟的个子哥哥大的个有俩弟弟有哥哥那么高”，这样的比较句没有“兄弟的个子有哥哥大”这样的肯定说法，动词“有”也只能置于句末。

1.4　双及物结构的否定

(33) 我给你钱儿不给/我你哈钱儿不给我不给你钱。

(34) 傢给我那个书没给/傢我哈那个书没给他没给我那本书。

(35) 我给小张那个材料没给掉啊/我小张哈那个材料没给掉啊我没给小张那份材料。

西宁方言的双及物结构最大的特点是动词置于句末，两个宾语都在动词之前，没有类似于普通话的“$S + V + O_R + O_T$”双宾句(王双成 2011)，所以相应的否定形式也是将否定词加在动词之后，其语序类型呈现出 SOV 特点。

1.5　反义祈使句:不用否定词的否定句

西宁方言有一类祈使句不使用否定词，但表达否定义，突出特点是在动词之后加“给”实现，如：

(36) 鞋哈泡掉给别把鞋给弄湿了！

(37) 书撕掉给别把书给撕了！

(38) 小心，娃娃绊掉给小心，别摔着孩子！

比如(36)句，按说话人的预期，不应该去水里，更不应该把鞋给弄湿，所以句子表面上是祈使、肯定形式，但是对说话人、受话人而言，具有明显的否定义，所以用普通话表达，最贴近的就是“别……”。这一句式我们在讨论西宁方言的介词类型的时候曾有讨论，暂时称为“反义祈使”，具有明显的反预期功能。(王双成 2012)。

总的来看，西宁方言否定句的类型还是比较多样，和普通话相比既有相同也有差异，有些否定句类型在关中方言、兰银官话，以及和关中方言、兰银官话有渊源关系的东干语中也能看到，但是有些否定句只在西宁方言中使用，其语序类型特点更接近 SOV 语言。

2. 西宁方言否定词的辖域与状语的位置

西宁方言否定词的辖域问题，我们在前面的论述中已经有所涉及，比较有特点的是“甚”的用法，这一现象在西北地区的汉语方言中都有表现，如关中方言(唐正大 2012)：

(39) 我的窗子甚不高。

(40) 这些人甚不知道羞耻是个啥。

根据汉语语序特点，否定辖域是否定词后面的部分，否定词尽可能靠近谓词核心(这在西宁等西北方言中表现得更为突出)，那么状语更倾向于前置。先看几个例子：

(41) 张明夜来话甚没说。

(42) 你把个老实话早不说啊！

(43) 阿大半夜里厕所里没去。

(44) 我一天里班不上去。

(45) 我筷子俩肉不吃,刀刀俩吃呐我不用筷子吃肉,用刀子吃。

(46) 阿爷明朝医院里病不看去说。

(47) 我上海去呵西宁埃不走,兰州埃走呐。

(48) 张明教室里书好好儿不看。

以上例句显示,西宁方言否定结构中比较突出的特点是否定词始终紧靠动词,表对象、时间、处所、工具等的状语都只能在否定词之前,否定词无法和动词分离,即使是多重状语亦如此,如(46)。而现代汉语大部分方言的否定词都可以和谓语核心分离,否定词的“漂移自由度”较高(刘丹青 2008)。我们利用“他不好好看书”一句做了一个简单的调查,发现除了西宁、兰州、乌鲁木齐等极少数汉语方言外,其他汉语方言的否定词都能和谓语核心分离,甚至不能靠近谓语核心,如:

北京:他不好好看书。(*他好好不看书。)

潍坊山东:他不好好地看书。(*他好好地不看书。)

西安陕西:他不好好地看书。(*他好好地不看书。)

兰州甘肃:那他书好好不看着/那不好好看书。

敦煌甘肃:他不好好看书。(*他好好不看书。)

张掖甘肃:他不好好看书。(*他好好不看书。)

温州浙江:其弗好好相书。(*其好好弗相书。)

广州广东:佢他无认真睇书。(*佢认真无睇书。)

西宁:傢好好儿书不看/傢书好好儿不看。(*傢不好好儿书看/*傢书不好好儿看。)

新疆乌鲁木齐的汉语方言也和西宁方言一样,否定词靠近动词核心,很难分离:

这个娃娃饭好好儿不吃,零食吃底歪底很。(王燕 2007)

宁夏同心方言的情况也大致如此:

同心宁夏:我们也兰州没去过我们也没去过兰州。(张安生 2006)

她忙得一夜炕上没去。

根据雒鹏教授提供的语料,兰州话“那不好好看书”和“那书好好不看着”两种语序并存。我们的调查中,甘肃敦煌、张掖方言只能是“他不好好看书”而没有“他好好不看书”的说法。

刘俐李(1989)曾把乌鲁木齐回民汉语方言中的类似现象归因为来自维吾尔语的影响。刘丹青(2005)则认为西北方言中的这种现象可以用“核心吸附”的总规则来解释:汉语西北诸方言中(包括和西北方言有渊源关系的东干话)谓语的核心会将状语或情态(modality)成分中独立性弱的成分吸附过来,紧挨在谓语核心之前。所谓独立性弱,就是短小轻弱。所以,核心主要吸附的对象是单音节成分。否定词由于出现频率高,在语流中常常弱读,因而是最容易被吸附的对象。刘丹青同时也指出不排除东干话等西北方言的特殊语序与阿尔泰语言的可能联系。

以西宁方言为一个观察的视角,我们认为西宁等汉语方言的类似现象除了内在的一些因素(如“核心吸附”)外,和 SOV 语言的接触是导致其语序变异的重要外在因素。藏语、土族语、撒拉语、保安语、蒙古语、维吾尔语等都是典型的 SOV 语言,这些语言否定句的语序特征类型比较复杂,有的否定词在谓语核心之前,有的则在句末,但无论如何,否定词总是靠近谓语核心，中间也很难插入其他成分①。

由于西宁方言否定词的自由度非常有限，甚至是不自由的，否定焦点无法像其他方言通过否定词的移位来实现②，通常借助重音：

(49) a. [傢]$_F$教室里书没看着。
　　b. 傢[教室里]$_F$书没看着。
　　c. 傢教室里书[没]$_F$看着。
　　d. 傢教室里[书]$_F$没看着。

根据我们的调查，(49)在西宁、湟中、门源、乐都等方言点都只有"傢教室里书没看着"一种说法，但否定焦点因为重音位置的不同而不同：(49a)重音在"傢"，"傢"即焦点，意为"有人在教室看书，但不是他"；(49b)焦点为"教室里"，意为"他在看书，但不是在教室"；(49c)"没"是焦点，意为"他在教室里，但不是在看书，在做别的"；(49d)句的重音在"书"，"书"也就是焦点，意为"他在教室不是在看书，而是在看别的"。类似的句子中利用重音突出否定焦点是西宁方言中比较常用的手段，在我们的调查中，极少数人还感觉只有变换句式或添加小句才能表达出类似于北京话的不同意思。可见，西宁方言的否定词可以说比较固定，这和英语一样，靠否定词漂移来实现否定焦点和范围转移的余地较小。

3. 语言接触和西宁方言的否定结构

从句法结构看，SVO语言的默认规则一般是"否定的对象常常位于否定词之后"，而SOV语言则"否定的对象位于否定词之前"，这与否定词和动词的语序相关：根据Dryer对否定词语序的语种库统计(引自刘丹青2005)，SVO语言中否定词(*Neg*)的语序分布中"S*Neg*VO"占绝对优势，有47种语言，13个语系(其中12个语系中该句式占多数)；SOV语言中占优势的则是"SOV*Neg*"，有64种语言，18个语系。

和西宁方言接触比较的语言主要是藏语和土族语，都是比较典型的SOV语言，比如藏语的否定结构通常用否定副词mi、ma加在动词之前表示，如书面藏语：③

(50) bkra ɕis kjis tɕʰaŋ mi ɦtʰuŋ.(扎西不喝酒)
　　扎西(作格)　酒　不　喝

青海境内的安多方言基本上和书面语一致，但也有一些不同的用法，如(51)北部土语和南部土语不同，南部土语的否定词可以插入动词和完成体标记之间：

(51) ʔa ma ta roŋ ma joŋ tʰa .(妈妈还没来)
　　妈妈　还　没　来　传信标记

　　ʔa ma ta roŋ joŋ ma tʰa
　　妈妈　还　来　没　传信标记

---

① 古汉语否定句的代词宾语可以从动词后移到动词前，但也是插入否定词和动词之间，如"不吾欺"，这也是很值得注意的现象，为什么汉语大部分汉语方言的否定词总是能和谓语核心分离，甚至不能靠近谓语核心？

② 比较北京话"他不在教室看书""他在教室不看书"；"张明不经常去北京""张明经常不去北京"之间的差异，这些说法在西宁方言中都是一个句式。

③ 藏语的否定句类型比较多样，本文只做简单的介绍。

藏语安多方言还有一类否定结构是将“不要”、“不是”、“没有”等否定成分放在句末构成（这种否定句在书面藏语中也很常见）：

（52）naŋ ʂ̥ka tɕ^{h}ə tɕ^{h}o joŋ mə rgo.（明天你们不用来）
明天 你们 来 不要

（53）rdʑə wa hoŋ gə ʂ̥a kə me kə.（质量不是太好）
质量 非常 好 没有

（54）rdʑə wa hoŋ gə ʂ̥a nə ma re.（质量不是太好）
质量 非常 好 不是

这种否定结构也同样在土族语中使用（照那斯图 1981：44、47）：①

（55）tasge ɕə-gu murgoo.（你们不必去）
你们 去 不需要

（56）ne ŋgo sɢan puɕa.（这个颜色不好看）
这个 颜色 美 不是

（57）bu iiɕə jadaadʑə guii.（我不太累）
我 太 累 没有

通过藏语、土族语否定句类型的介绍，我们很清楚西宁方言在句末用“不要”“不是”“没有”等否定成分的否定结构和藏语、土族语的相关句式是一致的，西宁方言的“不是”“不要”“没有”表面上看是否定词“不”“没”对后面的“是”“要”“有”的否定，但其实际的否定对象是整个命题，这也是SOV语言否定句的类型特点。

东干语的语序特点和西宁方言有很多相同之处，王森（2001）认为西北方言的这些特点是和藏、蒙、东乡、保安、撒拉、土等众多少数民族语言“SOV”语序总格局的长期制约所致，作为西北方言次方言的东干话也是如此。但是根据王森的材料，没有发现东干语将“不是”、“没有”、“不要”等成分置于句末对整个命题进行否定的否定结构：

（58）城铺城镇上<u>光也</u>不是也不只是有哩回族学生哩，也有哩工人哩。

（59）谁把你夸，<u>都也</u>不是也不都是好的；谁把你骂，<u>都也</u>不是哈的。

（60）人老哩，一天家活<u>多</u>再要做。

所以说西宁方言“……不是”“……没有”“……不要”的结构是语言接触的结果。

另外一个突出特点是，西宁方言的否定成分“不是”“没有”“不要”后置对整个命题否定时不能直接加在谓语核心之后，两者之间一般有“的”或“的个”这些虚化成分，如“吃不成的不是”“来的不要”“不成的/的个没有”；句子的谓语核心如果是形容词，前面一般还会有“那么”“太”“统甚太”等修饰成分，否则句子很不自然或不合法，如“那么大的/的个没有不是太大”“统甚好的/的个不是不是太好”，比较藏语例句（53），其否定成分 me kə（没有）之前也需要添加虚化成分 kə，这个 kə 在口语中的意思正式“的”。和藏语深度接触的五屯话“否定词或判断词如果出现在动词的后面，那么这个动词往往以带-də 附加成分的形式出现。这与否定词或判断词出现在动词前面的情况不同（否定词或判断词出现在动词前面时动词往往以词干的形式出现）”（陈乃雄 1989）。西宁方言的虚化成分“的”“的个”的表现形式和功能，我们将另外集中讨论。

关于西宁方言和周边民族语言的接触，我们曾通过西宁方言的差比句（王双成 2009）、给

---

① 土族语有否定副词 bii“不、别”、lii“不”、sii“没有”，否定副词只修饰动词，如：bu lii ɕəja，te lii ɕəlagə.（我不去，他也别去）
我 不 去 他 不 去

予类双及物结构(王双成 2011)等相关课题做过讨论,语言的后期接触是显而易见的,"借用"(borrowing)或"转用引发的干扰"(shift-induced interference)是造成西宁方言语序类型变异的重要因素之一。来自遗传学的研究显示西宁的汉族和阿尔泰民族(如土族)有着非常密切的关系①,西宁周边地区被称作"家西番"的族群是和汉族密切接触的藏族逐渐放弃本民族语言,文化、习俗等方面深受汉文化影响而形成的特殊群体(王双成 2007),这些证据都说明现在操西宁方言的群体复杂来源,也显示了不同语言之间的"亲密"关系。

4. 结　语

西宁方言的否定结构类型多样,其基本类型和汉语方言相同,有一些否定结构和西北地区的汉语方言有更多的共性,但也有一些否定结构的语序和其他汉语方言相比差异较大,特别是"不是""没有""不要"等否定成分放在句末对前面的命题进行否定的语序特征和 SOV 语言相同,这种语序类型上的共性同 SOV 语言长期、深入的接触密不可分,西宁方言的否定句只是其中的一个样本,差比句、给予类双及物结构等等句式均表现出语言接触所引发的语序变异。

参考文献

布和,刘照雄.保安语简志[M].北京:民族出版社,1982.
程祥徽.青海口语语法散论[J].中国语文,1980(2).
陈乃雄.五屯话的动词形态[J].民族语文,1989(6).
高葆泰,林涛.银川方言志[M].北京:语文出版社,1993.
黄行.语言接触与语言区域性特征[J].民族语文,2005(3).
吕叔湘.疑问·否定·肯定[J].中国语文,1985(4).
刘丹青.汉语否定词形态句法类型的方言比较[J].(日本)中国语学,2005(252).
刘丹青.语法调查研究手册[M].上海:上海教育出版社,2008.
刘俐李.回民乌鲁木齐语言志[M].乌鲁木齐:新疆大学出版社,1989.
林莲云.撒拉语简志[M].北京:民族出版社,1985.
刘照雄.东乡语简志[M].北京:民族出版社,1981.
李克郁.青海汉语中的某些阿尔泰语言成分[J].民族语文,1987(3).
兰宾汉.西安方言语法调查研究[M].北京:中华书局,2011.
马树钧.临夏话的"名+哈"结构[J].中国语文,1982(1).
桥本万太郎著,余志鸿译.语言地理类型学[M].北京:北京大学出版社,1985.
沈怀兴."知不道"和"不知道"[J].语言研究,2005(3).

① 赵桐茂等(1991)调查了我国 24 个民族、74 个群体的免疫球蛋白同种异型 Gm、Km 分布。测定了 9 560 例个体的 Gm(1, 2, 3, 5, 21)因子和 9 611 例个体的 Km(1)因子,受检者居住当地至少三代,并且无与其他民族通婚史。他们根据 Gm 单体型频率计算了遗传距离并绘制了系统树,系统树显示:青海西宁的汉族(编号 23)和包头的蒙古族(编号 22)的关系最密切。

吴福祥.关于语言接触引发的演变[J].民族语文,2007(2).
王森.甘肃临夏方言的两种语序[J].方言,1993(3).
王森.东干话的语序[J].中国语文,2001(3).
王燕.乌鲁木齐话否定副词的用法——兼谈突厥族语言对新疆汉语方言的影响[J].新疆师范大学学报(哲社版),2007(2).
王双成."家西番"之称谓探源[J].西藏研究,2007(3).
王双成.西宁方言的差比句[J].中国语文,2009(3).
王双成.青海西宁方言的给予类双及物结构[J].方言,2011(1).
王双成.西宁方言的介词类型[J].中国语文,2012(5).
王双成.西宁方言量词"个"的特殊用法[J].中国语文,2015(5).
熊仲儒.否定焦点及其句法蕴含[J].中国语文,2005(4).
袁毓林.论否定句的焦点、预设和辖域歧义[J].中国语文,2000(2).
袁毓林.动词内隐性否定的语义层次和溢出条件[J].中国语文,2012(2).
张伯江.功能语法与汉语研究[A]//刘丹青.语言学前沿与汉语研究.上海:上海教育出版社,2005.
张安生.同心方言研究[M].北京:中华书局,2006.
张安生.西宁回民话的引语标记"说着"、"说"[J].中国语文,2007(4).
照那斯图.土族语简志[M].北京:民族出版社,1981.
赵桐茂等.中国免疫球蛋白同种异型的研究:中华民族起源的一个假设[J].遗传学报,1991,18(2).
Greenberg 著,陆丙甫、陆致极译.某些主要跟语序有关的语法共性[J].国外语言学,1984(2).
Dryer, Matthew. 1988. *Universals of negative position*. In Hammond, Micheal, Edith Moravicsik & Jessica Wirth(eds.) Studies in Syntactic Typology. Amsterdam: Benjamins.
Thomason, Sarah. 2001. *Language Contact: An Introduction*. Edinburgh: Edinburgh University Press.

动词“物色”的来源和发展初探*

浙江大学　真大成

内容提要　“物色”最初是名词，表示毛色、形貌等义，从魏晋南北朝开始其用法与意义发生变化，表示查访、寻找，转变为动词。这种变化是受到“物色”本身词义的发展、人们认知中的转喻以及特定时期的社会思潮诸因素共同影响而实现的。动词“物色”在文人的笔底完成了词性、词义的转变，然后逐渐扩展到口语当中，而它在现代汉语中所表现出来的用法又与其词源意义密切相关。

关键词　物色；词义；演变

1.

关于动词“物色”的来源及语义演变，清代学者就有所涉及①；近年来又相继有学者展开讨论。王宁(1995)认为“物色”作动词表寻找义是词义引申的结果，“上古汉语中‘物’是畜类的毛色。古人对畜类的毛色十分重视，是因为要选择毛色作旗，而毛色又与祭祀时的牺牲有关。牺牲是要选纯色牛的。……‘物色’连用而引申出‘择寻’之义。”②董秀芳(2002:63—64)认为“物色”原本是一个定中短语，指“祭祀用的牲畜的毛色”，后来词汇化为一个名词，“指人或事物的形貌特色”，又发展出动词的用法，指“(按一定标准去)访求、寻找”。董文主要说明名词“物色”是由偏正短语词汇化而来，对名词到动词的转变过程则语焉不详。王灿龙(2005)也以“物色”为例讨论汉语词汇化问题。王文较详细地描述了“物色”的词义演变及词汇化过程，对于“物色”动词用法的产生，他的主要观点是：由于“物色”常和表示“搜寻、寻找”义的“求”类动词共现，因而受“求”的语义的沾染，逐渐从短语演变成了动词。黄芬香(2006)认为“物色”既可以是并列式合成词，也可以是支配式合成词，经过本义的引申而产生寻找义。

---

*　本文是国家社科基金重大项目“汉语词汇通史”(14ZDB093)的阶段性成果。

①　参看杭世骏《订讹类编》卷一“物色”条。

②　王宁先生认为“物”由本义引申指“外物”“外形”，又引申为“选择”，并举《周礼》郑玄注“物物色而以知其所宜之事”(“而”应作“之”)、“以物地占其形色”，谓此二例“都是讲根据事物的外部形状来选择自己的生存条件”，显将郑注中的“物”理解为“选择”义。按，《周礼》郑注二例中的“物”应理解为观察、辨识。郑注前例《周礼》原文为“以物地事”，贾疏：“但《草人》所云‘物地’者，据观形色布种所宜，故二处皆云‘物地’也。”“《草人》所云‘物地’”，即郑注后例所对应的《周礼》原文，全文是：“草人，掌土化之法以物地，相其宜而为之种。”由此可见，《周礼》“物地”之“物”指观察、察看，这从《周礼》原文“相其宜”之“相”、贾疏“据观形色”之“观”看得很清楚。《左传·昭公七年》：“度厚薄，仞沟洫，物土方。”杜预注：“物，相也。”明确地指出“物”有察看、观察义。因此，郑注二例“物”和《周礼》“物地”之“物”意义相同，指观察、辨识，而“占其形色”之“占”也正与上文“物”意义相应。

对于动词“物色”的产生，上述各文给人不少启发。不过对于“物色”从名词转变为动词的动因仅以“引申”或“沾染”来解释似乎尚未探本，仍有进一步探讨的空间；笔者对此很感兴趣，也对动词“物色”的来源和发展作了初步探讨，敬请读者批评指正。

2.

“物色”连文，最早见于《礼记·月令》：“是月也，乃命宰祝循行牺牲，视全具，案刍豢，瞻肥瘠，察物色，必比类，量小大，视长短，皆中度。”孔颖达疏：“‘察物色’者，物色，骍、黝之别也。《周礼》：阳祀用骍，阴祀用黝，望祀各以其方之色也。”孔疏所引《周礼》之语出《地官·牧人》：“牧人掌牧六牲而阜蕃其物，以共祭祀之牲牷。凡阳祀，用骍牲，毛之；阴祀，用黝牲，毛之；望祀，各以其方之色牲，毛之。”郑玄注：“毛之，取纯毛也。”《礼记》“察物色”即察骍牲黝牲毛色之别。“物色”二字平列，“物”与“色”均指毛色。《周礼·春官·鸡人》：“鸡人掌共鸡牲，辨其物。”郑玄注：“物谓毛色也。辨之者，阳祀用骍，阴祀用黝。”“辨其物”与“察物色”是一事。又《宗伯》：“毛六牲，辨其名物。”贾公彦疏：“言‘辨其名物’者，若六牲皆有名，……物，色也，皆有毛色，若宗庙用骍之等。”又《保章氏》：“以五云之物，辨吉凶、水旱降丰荒之祲象。”郑玄注：“物，色也。视日旁云气之色。”孙诒让正义：“凡物各有形色，故天之云色，地之土色，牲之毛色，通谓之物。”据此，“物色”同义连文，指(牺牲之)毛色，是并列结构名词性词组。

《诗·齐风·载驱》“四骊济济，垂辔沵沵”毛传：“四骊，言物色盛也。”“物色”仍然指毛色。由此可知，“物色”在产生之初意义比较单一。

两汉以来，“物色”的意义有了一定的变化，从“毛色”引申指人或物的形貌、色彩。

> 元康四年五月丁亥朔丁未，长安令安国、守狱臣左、属禹敢言之：谨移髡钳亡者田等三人年、长、物色，去时所衣服。(《敦煌悬泉汉简释粹》)①
>
> 军吏晨夜行，吏、御逐马，前后不相及，马罢亟，或道弃，逐索未得。谨遣骑士张世等，以物色逐，各如牒。(同上：V.T1311④:82)
>
> 宣帝时凤皇集于地，高五尺，与言如马身高同矣；文章五色，与言五色龙文，物色均矣。(《论衡·讲瑞》)
>
> 籍者，为二尺竹牒，记其年纪、名字、物色，县之宫门，案省相应，乃得入也。(《汉书·元帝纪》颜师古注引应劭曰)

与先秦相比，“物色”词义有所泛化，不再专指牺牲的毛色，虽然意义上仍有一定联系。此时“物色”大约已从名词词组凝固为词。

除上举例子外，汉晋时期“物色”大抵见于记述老子西游见关尹喜之事的典籍。出现在这个情境中的“物色”虽然仍为名词，但对动词义(寻找)的产生有重要意义。

> 关令尹喜者，周大夫也。善内学，常服精华，隐德修行，时人莫知。老子西游，喜先见其气，知有真人当过，物色而遮之，果得见老子。(旧题西汉刘向《列仙传》卷上)

“老子西游”事本见《史记·老子列传》，《列仙传》有所敷衍，所叙述的情节既显示后代层累叠加的特点，也带有撰作时代思潮的痕迹——老子有了神格化的倾向(详下文)。其中“物

---

① 《释粹》录文将“物色”逗开，注云：“物指所带物品，色指肤色。”按，“物色”恐当连读，指亡者之形貌，与上文之“年”(年龄)、“长”(身高)相应。

色而遮之”一句,《史记·老子列传》裴骃集解引《列仙传》作“候物色而迹之”,司马贞索隐:“物色而迹之,谓视其气物有异色而寻迹之。又按《列仙传》[①]‘老子西游,关令尹喜望见有紫气浮关,而老子果乘青牛而过也’。”清人钱熙祚认为当作“迹”是,实则“遮”谓阻拦,“迹”谓追踪,均可通。

其事又见于其他典籍:

> 关令尹喜,州大夫也,善内学星辰服食。老子西游,喜先见气,物色遮之,果得老子。(《太平御览》卷五〇九引三国魏嵇康《高士传》)

> 老子李耳,字伯阳,陈人也。……后周德衰,乃乘青牛车去,入大秦,过西关,关令尹喜望气先知焉,乃物色遮候之,已而老子果至。(晋皇甫谧《高士传》卷上)

上引《列仙传》、嵇康《高士传》、皇甫谧《高士传》叙事大同小异,承袭的痕迹比较明显。“物色”应指“云气之色”“天之云色”(见上引《周礼·保章氏》郑注及孙诒让正义)。敦煌文献 P.2004《老子化胡经玄歌卷第十》:“路由函关去,会见尹喜身。尹喜通窈冥,候天见紫云。”“紫云”及《列异传》“紫气”正是“物色”的表现。这和汉代以来“物色”之状貌、色彩义一脉相承。

老子过函谷关,关尹喜凭借“先见其气”得候“物色”,因而“见老子”并使其留下《道德经》五千言,这一带有传奇色彩的事件早在东汉就已深入人心,产生了重大影响,在时人著述中成为征引的故实,如:

> 惟函谷之初设险,前有姬之苗流。嘉尹喜之望气,知真人之西游。爰物色以庶[遮]道,为著书而肯留。(李尤《函谷关赋》)

很明显,它与《列仙传》有着较紧密的渊源。

正因老子是历代推崇的圣人贤士,所以关尹喜因察物色得见老子的故事在流传过程中逐渐成为代表寻贤访圣活动的标志性事例[②]。在这种背景下,“物色”成为整个事件中的关键词,并被赋予了一定的象征意味,在随后的南北朝时期经常用于搜扬人才、举荐贤良的文书中,其意义和用法逐渐得以扩大。先看用例:

> (1) 弟昔因多疾,亟览九仙之方;晚涉世途,常怀五岳之举。同夫关令,物色异人;譬彼客卿,服膺高士。(《周书·王褒传》载褒与周弘让书)

很显然,“同夫关令,物色异人”就是直接用关尹喜见老子的典故,借以说明自己“因多疾”而四处探访高人异士以求得修身治病之方。

再看几个当时文献使用“物色”的例子,它们都是将关尹喜见老子之故实与其他访贤事例并举的:

> (2) 臣闻求贤暂劳,……犹惧隐鳞卜祝,藏器屠保,物色关下,委裘河上。(《梁书·王暕传》,明帝诏求异士,始安王萧遥光上表荐暕。)

> (3) 方今八友盈庭,五承在幄,七教毕修,九攻具举,犹乃物色关屠,梦想岩钓。(《艺文类聚》卷五三引南朝梁丘迟《答举秀才启》)

---

① 《列仙传》乃《列异传》之误,参看王叔岷(2007),22 页。

② 大约从西汉武帝崇尚黄老起,老子有逐渐神格化的倾向。魏晋以降,玄学大兴,老子更是尊奉的偶像。因此,老子作为至高无上圣贤象征的观念在汉魏六朝的信仰、知识世界里已经根深蒂固,与之相随的是,关尹喜察“物色”得见老子的故事亦在当时人们的思想意识中作为寻真访贤的代表事例进一步被标志化。

例(2)是在皇帝下诏寻求贤士的背景下始安王萧遥光上表举荐王暕(此文即《文选·任昉〈为萧扬州荐士表〉》),这一段提到了许多历史上著名的访贤事迹,其中“物色关下”即指关尹喜见老子事。例(3)“物色关屠,梦想岩钓”则是老子、傅说、姜尚三人并举。

这一时期还能见到一些虽未明用关尹喜见老子故事但实际上是化用的例子,它们也常与以往载籍中的寻贤佳话并举,用于搜扬人才、寻访贤良的语境中,如:

(4) 夫寝梦期贤,往诰垂美;物色求良,前书称盛。(《宋书·后废帝纪》载诏)

(5) 故能物色幽微,耳目屠钓,致王业于缉熙,被淳风于遐迩。(《梁书·武帝纪中》载诏)

可以看到,例(4)“寝梦期贤”、例(5)“耳目屠钓”均用周文王访贤得遇姜尚的典故。两个例子都出现于当朝皇帝所发布的征寻贤才的诏书,例中所用之“物色”,也都是从关尹喜见老子事中化出,只不过不像例(2)、(3)那样明显而已。

根据关尹喜见老子这个典故的原型,人们可以认为关尹喜正是根据“物色”——老子过关时所显现的异象——寻访到这位圣人,因此在这一寻贤访圣事件中“物色”是关键性要素,成为整个事件的信息焦点(focus)。在这种心理作用下,“物色”在特定场合中被后人(特别是文人)提取出来,成为寻贤访圣这一类型的行为活动的代名词,从而使原表状貌、色彩、景象的“物色”转指以此为依据所进行的寻访、查访,进而这种“依据”也逐渐被消蚀,纯粹表示寻访、查访,转变为动词。

在这一转变过程中,“物色”从起初作为一项进行某种活动、实现某种目的所不可缺的要素,到被人们选取成为整个活动的象征,最终完成语义和词性的转变,人们认知中的转喻(metonymy)扮演了不可或缺的角色,起到了至关重要的作用。我们把《列仙传》中“老子西游”→“喜先见其气”→“(侯)物色而遮/(迹)之”→“见老子”看作一个连贯的事件链,其中“其气”所表现出的“物色”依赖于奇幻色彩及其在事件链中的作用从而带有较强的显著度(salience),在语言交际信息最大化表达最简化的机制规约下,这种显著效应使得人们在认知上便以“物色”(局部要素)代表“关尹喜见老子”(整个事件)。这种转喻具有一定的完形(gestalt)作用:作(说)者和读(听)者任何一方由“物色”一词就能完全再现“关尹喜见老子”整个事件,上揭例(4)、(5)能够暗用关尹喜见老子故实而又满足表意需要正是依赖于“物色”的完形作用。如此,“物色”在转喻的作用下其意义发生了这样的转变:

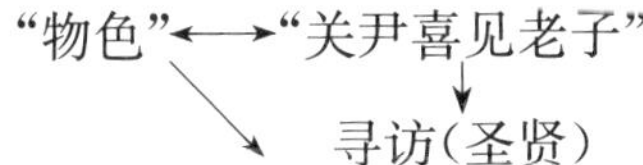

于是乎,“物色”就产生了寻访、寻找义,由名词转变为动词。请看以下例子:

(6) 物色异人,优游鲠直,显不失心,幽无怨气。(《宋书·鲍照传》载照《河清颂》)

(7) 朕纂统洪业,龠畏大宝,思求俊异,协赞雍熙,历听九工,物色舆皂,……便可博询卿士,各举所知,将量才授能,擢以不次。(《艺文类聚》卷五三引南朝梁任昉《求荐士诏》)

(8) 物色英声,搜扬俊杰。(《文苑英华》卷六八五南朝陈徐陵《报尹义尚书》)

(9) 物色丘园,衣裾里巷,朝多君子,野无遗贤。(《陈书·武帝纪上》载加陈霸先九锡《策》)

(10) 臣闻圣人当扆,物色刍荛,匹夫奔踶,或陈狂瞽。(《隋书·陆知命传》载知命表)

上引五例,"物色"已不再像上文例(1)—(3)那样明用关尹喜事,而是直接用作动词,指寻访、查访,如例(8)"物色""搜扬"对文,例(9)"物色丘园"指从丘园(喻指隐逸之所)寻访贤才;它不再是名词词组,"物""色"两个语素之间的边界消失(boundary loss),随着词性、意义的转变完成词汇化。这一过程至晚在5世纪已经完成。

"物色"在汉代表示状貌、色彩,到了南北朝时期又演化出寻访、寻找义,事实上,这两个意义是有联系的。从上文的论证可以看出:"物色"(状貌、色彩诸性状)是"寻访"活动所依据的必要条件,因此,动词"物色"在产生之初及沿用中都脱离不了隐含其中的名物要素。只不过在随后的发展中"事物性状"要素(状貌、色彩)逐渐被消磨,或者说是变得隐晦,在交际和理解中不再能够立即体察到;与此同时,"行为动作"要素(寻访、寻找)却被凸显出来。从根本上讲,"物色"表示事物性状的名词义是它转变作动词的语义基础,人们认知上的转喻在演变中起到机制作用,而文人在特定语境中运用事典又是转变实现的背后推手。

根据"物色"的"事物性状"因素进行某种行为,上引《列仙传》"物色而遮之"、嵇康《高士传》"物色遮之"、皇甫谧《高士传》"乃物色遮候之"均其例;而据此实施寻访、查访活动,中古时期也可看到有关用例:

(11) 严光字子陵,一名遵,会稽余姚人也。少有高名,与光武同游学。及光武即位,乃变名姓,隐身不见。帝思其贤,乃令以物色访之。(《后汉书·逸民传·严光》)

"以物色访之"下李贤注:"以其形貌求之。"乃是依据严光之"物色"(形貌)而寻访之。

(12) 顺阳范启,母丧当葬。前母墓在顺阳,往视之,既至而坟垅杂沓,难可识别,不知何所。袁彦仁时为豫州,往看之,因云:"闻有一人见鬼。"范即如言,令物色觅之。比至,云:"墓中一人衣服颜状如此。"(《搜神后记》卷六)

"物色觅之"亦言根据外貌寻觅,下文"颜状"正谓此。"物色"作状语,前面省略了介词"以"。这种用法很常见,如例(11)"乃令以物色访之"在皇甫谧《高士传》中作"乃物色求之","以"被省去。唐人方干《题严子陵祠二首》之一"物色旁求至汉庭,一宵同寝见交情",吴筠《严子陵》诗"汉皇敦故友,物色访严生",均用《后汉书》严光事,"物色"是"求""访"所依据的要素。

综上所述,"物色"至晚在南北朝时期已经产生寻访、查访的动词义;但是这种用法的使用范围却很有限:一般只用在搜扬贤才、寻访圣人的语境中,对象只是圣人、俊贤,正如杭世骏所谓"访贤题可用此二字"①。

3.

动词"物色"在唐代仍然主要用于寻贤访圣、举荐贤才的语境,在奏疏、策、行状、碑铭中出现频率尤高,酌举4例:

(13) 有唐建极,将事补天,物色异人,营求国器。(许敬宗《大唐故尚书右仆射特进开府仪同三司上柱国赠司徒并州都督卫景武公碑并序》)

(14) 我大唐太宗文武圣皇帝,甄陶尧舜,漂涤羲轩,物色贤良,梦寐前载。(王师乾《王右军祠堂碑》)

(15) 洎隋氏握图,物色岩穴,旁求俊异,旌贲英翘。(于敬之《桐柏真人茅山华阳观王

---

① 杭世骏《订讹类编》卷一"物色"条。

先生碑铭》)

(16) 属太宗文武圣皇帝初临天下,物色幽人,焚山榜道,网罗遗逸。(陈子昂《唐故朝议大夫梓州长史杨府君碑》)

据此可见唐代“物色”这一行为也还是在其对象满足[+贤良/有才能]、[+人]诸要素的条件下进行。

两宋时期当寻访、访查讲的“物色”的用例极夥;与唐代相较,出现了一些新的变化。

(17) 小娥诡服为男子,与佣保杂,物色岁余,得兰于江州,春于独树浦。(《新唐书·列女传·段居贞妻谢》)

(18) 三思又疏韦后隐秽,榜于道,请废之。帝震怒,三思猥曰:“此殆彦范辈为之。”命御史大夫李承嘉鞫状,物色其人。(《新唐书·桓彦范传》)①

(19) 吏以为杀人,拘系之,鞫同舟者,皆莫知;问其所以来,民具道本末,县遣吏至江阴物色之。(洪迈《夷坚甲志》卷五)

(20) 正辅上世为县录事,县有杀人者,狱已具,程独疑之,因缓其事,多方物色之,果得真杀人者。(周密《齐东野语》卷一三)

(21) 令臣搜访诗人,臣已物色得数人。(周辉《清波别志》卷上)

(22) 乱定,周祖物色得公,遂至大用。(邵伯温《邵氏闻见录》卷七)

(23) 公后尝于河北物色之,不可得。(罗大经《鹤林玉露》甲编卷三)

(24) 此士蹶起,呕吐狼藉,意绪昏昏,待旦视之,所呕皆饼饵,而昨夕未尝食也。云:“昨睡方熟,有好妇人来相与饮,以饼啖我。”遂往殡前物色之。(洪迈《夷坚乙志》卷五“殡宫”条)

据以上数例可知,此时“物色”已摆脱寻贤访圣、征求人才的语境,其对象也不仅仅局限于贤士能人,而是扩大到一般人、普通人。这说明,到了宋代,动词“物色”的对象其[+贤良/有才能]的性状已不再是进行这一活动的必要条件,大多数只保留了[+人]这一特征;不过偶有例外:

(25) 昔里人有豢二豕者呼屠者于门,将以售之,其一既就执,其一辄逸去,使人物色之,不得。(周紫芝《太仓稊米集》卷六七《书寒山诗后》)

(26) 神宗乃遣一二内侍于通衢中物色民言,竟以无是事而止。(王暐《道山清话》)

(27) 时巢县猾民有诉令者率敛钱数百千楱,藏寘列肆中;伸察所诉不实,物色之,得楱与簿书。(罗愿《鄂州小集》卷六《胡司业伸传》)

例(25)“物色”的对象为[-人]之“豕”;例(26)为[-生命]的“民言”,而例(27)“物色”的是一种更为抽象的“情况”(令者率敛钱数百千楱,藏寘列肆中),非具体的人或物。

很显然,唐宋之际是动词“物色”演变的重要时期。从此时开始,其用法有了变化:摆脱了原先寻贤访圣的语境限制,组合对象的限定性要素减少,因而扩大了的组合对象,义域变宽。

与此同时,又引申出新义。

---

① 此例《旧唐书·桓彦范传》作:“是岁秋,武三思又阴令人疏皇后秽行,榜于天津桥,请加废黜。中宗闻之怒,命御史大夫李承嘉推求其人。”由此可明,“物色”与“推求”义同,皆指寻访、寻求。在《新唐书》中,当寻访、寻求讲的“物色”用例很多,而从这一改字例来看,在北宋时期,“物色”的确已经是一个很常用的词了。

(28) 又一客,亦以暮夜投宿,舍翁与其子睥睨客所携,客疑之,乃物色翁所为。(曾敏行《独醒杂志》卷九)

(29) 东安一士人善画,作鼠一轴献之邑令。令初不知爱,谩县于壁。旦而过之,轴必坠地,屡悬屡坠,令怪之。黎明物色,轴在地而猫蹲其旁。(同上)

上举二例中的“物色”似已不是寻访、寻找义,细绎上下文意,释作探看、探察、窥探更为贴切。

也引申指搜寻、讨捕,如:

(30) (思彦)使并州,方贼杀人,主名不立,醉胡怀刀而污,讯掠已服。思彦疑之,晨集童儿数百,暮出之,如是者三。因问:“儿出,亦有问者乎?”皆曰:“有之。”乃物色推讯,遂禽真盗。(《新唐书·韩思彦传》)

(31) 经北舰十余里,为巡船所物色,几从鱼腹死。(文天祥《指南录·后序》)

进行寻访、探察、搜捕等活动必须有所辨认、辨识,因此“物色”还可作辨认、分辨讲,如:

(32) 问“因不失其亲”。曰:“‘因’字最轻,偶然依倚他,此时便须物色其人贤与不贤,后去亦可宗主。”(朱熹《朱子语类》卷二二)

4.

元明清时期,动词“物色”用例大增,所出现的文体也更为丰富多样,其意义和用法大致沿袭了它自宋代以来的用法,酌举5例:

(33) 请问先生高名大姓,何处仙居?今日之言,他年倘或应口,必须物色,以共富贵,不敢忘也。(《全元曲·西华山陈抟高卧》第三折)

(34) 比至镇江,打发舟钱登岸,随路物色,访张舜美亲族。(明冯梦龙《喻世明言》卷二三)

(35) 许文穆公昔年以史臣奉使册封朝鲜,其国王问:“柳柳州《姜芽帖》书法颇佳,有处可物色否?”(明钱希言《戏瑕》卷一)

(36) 康熙四十四年,圣驾南巡至苏州。一日垂问故灵壁知县马骕所著《绎史》,命大学士张玉书物色原版。(清王士禛《分甘馀话》卷一)

(37) 谭绍闻因前日跟着夏鼎赶那一次会,也新学会物色娇娃,一边看戏,一边早看见甬路东边,一个女子生的异常标致。(清李绿园《歧路灯》四九回)

以上5例按对象的类别可分为两组:例(33)(34)(37)为一组,其对象是人;例(35)(36)为一组,其对象为物。从当时文献用例来看,“物色”的中心词义仍指寻访、寻找;以人为对象的例子占绝大多数,以物为对象的是少数,其中作为对象的人大多数具有[+优秀/有才能]的性状,如上举例(37)“娇娃”。

现代汉语中“物色”的用法实际上是它自近代汉语以来的延续,其对象大多数是人,只有小部分是物,这和它在宋代至清代的分布相一致。略举3例:

(38) 您的确不打算拿她换钱,您想的是要替她物色个您觉着称心的年轻人,把她嫁出去。(老舍《鼓书艺人》)

(39) 这善耆正是日本人要物色的理想人物,他不光爵高位重,提倡洋务,而且特别跟日本有渊源(邓友梅《烟壶》)

(40) 乐秋心当然高兴英嘉成住进公寓来,但,过些时,也要另外物色一幢公寓搬进去才是。(梁凤仪《激情三百日》)

“物色”在现代汉语中所呈现出来的态势和它的历史来源及发展过程有着密切关系。“物色”从作动词始，就是寻访（圣人贤士），在中古以迄明清的发展过程中，具备[+优秀/有才能]性状的人作为“物色”的对象始终占据主导地位，以物为对象的例子虽说自宋代即已出现，但较少见，只能视为它的用法的有限扩展。因此，“物色”在现代汉语中的共时态势正是其历时发展的反映和延伸。

5.

动词“物色”的产生经历了一个比较曲折的过程，它不完全是语言系统内部演变的产物。名词（名词词组）“物色”本身词义的发展、人们认知中的转喻以及特定时期的社会思潮共同促成了动词“物色”的出现。细绎其源，这一转变最初很可能是在书面语中实现的，是文人写作运用事典、活用旧词的创造。“物色”是在文人的笔底完成了词性、词义的转变——这一点在中古时期“物色”大量使用于文人以搜扬人才、寻访贤良为主题的作品中可以很明显地看出——然后逐渐扩展到口语，直至现代汉语，只不过现在人们已不易体察它的词源意义了。通过对动词“物色”的产生这一个案的研究，可以发现，词语新义、新用法的出现，词性的改变，很多时候并不仅由语言系统本身起作用，往往是各方面因素共同推动的结果，这种情况在汉语词汇史上也不乏他例。

动词“物色”自魏晋南北朝产生以来，一直沿用到现代汉语，综观整个过程，其核心词义始终是寻访、寻找；由古及今，其发展主要体现于组合功能的扩展，具体表现在搭配对象的限制性因素逐渐消减，早先必须满足的[+贤良/有才能]、[+人]诸特征到现代汉语中已经不再是必要条件。虽然如此，我们也发现，“物色”在现代汉语中的搭配对象具有上述[+优良的]、[+有益的]、[+称心如意的]、[+人]诸特点的仍然占据多数，毋庸置疑，这种现象和动词“物色”最初用法有着一脉相承的关联。

附记：拙文初稿写于2006年10月，2008年在浙江大学汉语史研究中心主办的“首届汉语历史词汇与语义演变研讨会”上宣读，全文登载于浙江大学汉语史研究中心2008年简报。此后一直藏于箧中，未曾正式发表。《剑南文学：经典阅读》2011年第9期所刊《“物色”词义演变探究》一文的某些观点和材料与拙文雷同，此文参考文献列举“首届汉语历史词汇与语义演变研讨会”会议论文集中的拙文提要及汉语史研究中心2008年简报，作者应该参看过拙文。前后因承关系，幸读者察焉。

参考文献

董秀芳.词汇化：汉语双音词的衍生与发展[M].成都：四川民族出版社，2002.
黄芬香.说“物色”——兼论合成词的两可结构方式[J].河南师范大学学报，2006(5).
王灿龙.词汇化二例——兼谈词汇化和语法化的关系[J].当代语言学，2005(3).
王宁.汉语词源的探求与阐释[J].中国社会科学，1995(2).
王叔岷.列仙传校笺[M].北京：中华书局，2007.
王寅.事件域认知模型及其解释力[J].现代外语，2005(1).

《东方语言学》征稿启事

一

《东方语言学》是由上海师范大学语言研究所主办，上海世纪出版集团（上海教育出版社）出版的学术集刊。本刊创刊于2006年，为半年刊，每年6月、12月各出一辑。

《东方语言学》主要以东亚语言为研究对象，其宗旨是用语言学的普遍原理来研究语言，并通过由研究这些语言中的特有现象所得到的规律丰富语言学的普遍原理。本刊为东方语言的研究者提供了一块试验田，它不是封闭的，而是面向世界的。希望投稿者就各种学术问题展开讨论与争鸣，提出新材料、新观点、新理论等，进一步推动语言学学科发展。

本刊刊登对东亚语言的句法、语音、文字、词汇、语义诸问题进行共时描写和历时探讨的研究性论文，同时也刊登包括汉语方言、中国境内的少数民族语言及其他东亚语言在内的调查报告、长篇语料等，本刊也酌情刊登英文稿和译文稿。欢迎广大语言学研究者踊跃投稿。

要求论文投稿符合原创性要求，行文格式和注释体例遵循学术论文规范。

投稿信箱：eastling2010@163.com

联系电话：021-64322897

通讯地址：上海市徐汇区桂林路100号　上海师范大学语言研究所《东方语言学》编辑部

邮　编：200234

二

为方便稿件的后续处理，请作者来稿时注意以下几点：

1. 研究性论文的篇幅一般控制在10000字以内（若字数超出此范围，请与编辑部联系），语言调查报告可不受篇幅限制。无须提供英文题目、提要、关键词等。

2. 投稿时，须提供三份电子文档：文稿word、pdf版各一份，以及包含作者姓名、单位、职称、电子邮件、电话、通信地址及邮编等信息的word文档一份。无须邮寄打印稿。

3. 编辑部在收到稿件后三个月内将告知作者是否采用；若不采用，来稿不再退还。论文一经刊登，国内作者即赠刊物两本，并致稿酬，境外作者赠刊五本。

三

1. 稿件若涉及国际音标，请使用IPAPan New字体，若涉及特殊字体（如生僻字、古文字等）、图表时，请另作说明。

2. 附注请一律使用当页脚注的形式，以带圈①……⑩的方式编号，使用每页重新编号的方式。

3. 引用古书、他人文献等原文时，务请仔细核对，确保无误。

4. 参考文献一律附列于正文后面。

5. 若需列出项目资助、致谢等相关内容，均置于首页底部，并于论文题目后标出星号。

6. 稿件务请按照本刊撰稿格式来编排。格式如下。

论文标题（黑体、三号、居中）

□

□

作者单位□□姓名

□

□

□

□□**内容提要（小5号、黑体）**□｛提要正文，小5号｝

□□**关键词（小5号、黑体）**□｛……　……｝

□

□

1. 一级标题（黑体、四号、居中）

｛正文内容｝

2. 一级标题（黑体、四号、居中）

2.1　二级标题（黑体、小四、顶格）

2.2　二级标题

3. 一级标题（黑体、四号、居中）

3.1　二级标题

3.1.1　三级标题（黑体、五号、顶格）

｛正文内容｝【注意：正文中若需加脚注，请用上标带圈数字表明，编号每页从①开始。正文中需要引用的参考文献出处随文用括号标注，可不采用脚注形式。专著需要列出有关页码，例如"（徐烈炯、刘丹青 1998:54—64）"】

□

□

参考文献（黑体、小四、顶格）

徐烈炯.焦点的不同概念及其在汉语中的表现形式[J].现代中国语研究，2001(3).

徐烈炯，刘丹青.话题的结构与功能[M].上海：上海教育出版社，1998.

Bayer, Josef. 1996. Directionality and Logical Form: On the Scope of Focusing Particles And Wh-in-situ. Dordrecht: Kluwer.

Cinque, Guglielmo. 1993. A null theory of phrase and compound stress. Linguistic Inquiry 24: 239—298.

Hajičová, Eva, Barbara H. Partee & Petr Sgall. 1998. Topic-Focus Articulation, Tripartite Structures, and Semantic Content. Dordrecht: Kluwer.

Partee, Barbara H. 1999. Focus, quantification, and semantic-pragmatic issues. In Focus: Linguistic, Cognitive, and Computational Perspectives, ed. by Peter Bosch and Rob van der Sandt. 187—212.

Rooth, Mats. 1985. Association with Focus. PhD dissertation. University of Massachusetts. Amherst.

(说明:本刊"参考文献"的编排格式基本按照国际规范,引用各类杂志、会议论文集中的文章等务请尽量给出页码,但正文中引用页码可标可不标。正文中引用文献,如果是书和论文集,一般要注明所引内容的页码。)

《东方语言学》编辑部
2019 年 8 月

图书在版编目（CIP）数据

东方语言学. 第十九辑 / 上海师范大学语言研究所,东方语言学编辑部主编. — 上海:上海教育出版社, 2020.1
ISBN 978-7-5444-9725-1

Ⅰ. ①东… Ⅱ. ①上… ②东… Ⅲ. ①语言学-文集 Ⅳ. ①H0-53

中国版本图书馆CIP数据核字(2020)第000595号

责任编辑　朱宇清
封面题字　张维佳
封面设计　陆　弦

东方语言学第十九辑
上海师范大学语言研究所　东方语言学编辑部　主编

出版发行　上海教育出版社有限公司
官　　网　www.seph.com.cn
地　　址　上海市永福路123号
邮　　编　200031
印　　刷　上海昌鑫龙印务有限公司
开　　本　787 × 1092　1/16　印张 7.5　插页 2
字　　数　250 千字
版　　次　2020年1月第1版
印　　次　2020年1月第1次印刷
书　　号　ISBN 978-7-5444-9725-1/H·0329
定　　价　54.00 元

如发现质量问题，读者可向本社调换　电话：021-64377165